FRÉDÉRICK-LEMAITRE

ET SON TEMPS

A LA MÊME LIBRAIRIE

L'ANNÉE
THÉATRALE

Première et deuxième années : 1874-1875 et 1875-1876

PAR

GEORGES DUVAL

2 forts volumes de 400 pages. — Chaque volume : 3 fr. 50

DESCLÉE
BIOGRAPHIE ET SOUVENIRS

PAR

ÉMILE DE MOLÈNES

Avec portrait à l'eau-forte. . . . . 3 fr. 50

VIRGINIE
DÉJAZET
1797-1875

PAR

GEORGES DUVAL

Avec portrait à l'eau-forte . . . . . 3 fr. 50

CLICHY. — IMPR. PAUL DUPONT, 12, RUE DU BAC-D'ASNIERES. (231, 3 6.)

FRÉDÉRICK LEMAÎTRE

FRÉDÉRICK-LEMAITRE

ET

SON TEMPS

1800-1876

PAR

GEORGES DUVAL

AVEC UNE EAU-FORTE DE M. GONZAGUE PRIVAT

PARIS

TRESSE, ÉDITEUR

AU PALAIS-ROYAL, GALERIE DE CHARTRES, 10 ET 11

MDCCCLXXVI

Tous droits réservés

FRÉDÉRICK-LEMAITRE

ET SON TEMPS

I

Coup d'œil rétrospectif sur le drame. — Les pantomimes dialoguées du Directoire. — Naissance du mélodrame. — M. de Pixérécourt. — Sa moralité. — Le drame providentiel. — La nouvelle école. — Les pudeurs de l'Académie. — M. Auger. — Trois cents chevaliers. Victor Hugo. — Ledoux et Barbarigo, *della Torrida*. — Le romantisme. — Madame Dorval et Frédérick Lemaître. — Une révolution dans l'art dramatique.

Il y aurait une étude bien intéressante à faire sur le drame français depuis le Directoire jusqu'à l'avénement de Hugo, qui donna le vrai signal du romantisme. Il faudrait passer en revue les *pantomimes dialoguées* du Directoire, assemblage de scènes, informe, abortif et monstrueux ; orageux comme une émeute, mystérieux comme une conspiration, bruyant et meurtrier comme une bataille ; on y voyait toujours des spectres, des cavernes, des cachots et du merveilleux ; enfin tout ce qui est propre à un art dans sa première enfance.

En 1800, le mélodrame naît, se développe et grandit ; devenu un genre nouveau, il est à la fois le tableau véritable du monde que la société a fait et la seule tragédie populaire qui convient à l'époque. Les auteurs dramatiques du temps, M. de Pixérécourt en tête, dotent la scène d'un grand nombre d'ouvrages intéressants, remarquables par la clarté des expositions, par l'habileté de la conduite, par l'entente merveilleuse des effets, par l'enchaînement si progressif et si bien ménagé des événements, par la nouveauté si hardie et cependant si vraisemblable des moyens, par la propriété même du style général que la forme apophthegmatique rend plus propre, quand elle est nécessaire, à laisser de profondes traces dans l'esprit, mais qui offre partout assez de correction, de naturel et de grâce, pour faire honneur à des drames d'un ordre plus élevé.

A cela venait s'ajouter un sentiment profond de bienséance et de moralité qui se manifestait dans toutes les compositions. Les représentations de ces ouvrages n'inspiraient que des idées de justice et d'humanité, ne faisaient naître que des émulations vertueuses, n'éveillaient que de tendres et généreuses sympathies. Le peuple pouvait recommencer son éducation religieuse et sociale au théâtre, il y avait, dans l'application du mélodrame au développement des principes fondamentaux de toute espèce de civilisation, une vue providentielle.

Oui, providentielle, car le drame ainsi conçu était une nécessité. Le peuple tout entier venait de jouer dans les rues et sur les places publiques le plus grand drame de l'histoire. Tout le monde avait été acteur dans cette pièce sanglante, tout le monde avait été ou soldat, ou révolutionnaire, ou proscrit. A ces spectateurs solennels qui sentaient la poudre et le sang, il fallait des émotions analogues à celles dont le retour de l'ordre les avait sevrés. Il leur fallait des conspirations, des cachots, des échafauds, des champs de bataille, de la poudre et du sang ; les malheurs non mérités de la grandeur et de la gloire, les manœuvres insidieuses des traîtres, le dévouement périlleux des gens de bien. Il fallait leur rappeler dans un thème toujours nouveau de contexture, toujours uniforme de résultats, cette grande leçon dans laquelle se résument toutes les philosophies, appuyées sur toutes les religions : que même ici-bas la vertu n'est jamais sans récompense, le crime n'est jamais sans châtiment. Et qu'on n'aille pas s'y tromper, ce n'était pas peu de chose que le mélodrame ! C'était la moralité de la Révolution !

Tandis que le mélodrame atteignait l'apogée de son triomphe, une école nouvelle commençait à surgir, ayant pour chefs : Mme de Staël, Chateaubriand, Bonald, de Maistre, Lamennais et Lamartine. Préoccupée surtout de la vérité des idées et des sentiments, de leur enchaînement logique, du rapport exact entre la pensée et l'expression, elle protestait hardiment contre ce qu'il y avait d'étroit, de factice, et cherchait dans les littératures étrangères, en Espagne, en Allemagne, en Angleterre, des modèles capables de développer le goût français et de l'affranchir des conventions académiques.

La nouvelle école envahit le théâtre. Quelques timides essais de reconstitution furent d'abord tentés. On vit à la scène des œuvres qui furent comme une sorte de compromis entre les croyances dernières et les aspirations du lendemain. L'Académie alla même jusqu'à s'en épouvanter dès 1824, au point de s'écrier, par la bouche de M. Auger, qui répondait au discours de réception de M. Soumet :

Le caractère de composition et de style de vos tragédies, et l'hommage que tout à l'heure vous venez de rendre à la supériorité de notre système dramatique sur cette *poétique barbare* qu'on voudrait mettre en crédit, répondent suffisamment à ceux qui affectaient d'élever des doutes sur votre orthodoxie littéraire.

Non, ce n'est pas vous, monsieur, qui croyez impossible l'alliance du génie avec la raison, de la hardiesse avec le goût, de l'originalité avec le respect des règles. Ce n'est pas vous qui traitez d'esprits étroits et serviles ceux qui ne sont pas assez inconséquents pour admirer les chefs d'œuvre de l'antiquité, et mépriser en même temps les principes sur lesquels leur excellence se fonde ; pour désirer qu'on atteigne au but dans les arts, et souhaiter qu'on abandonne la route qui seule y peut conduire. Ce n'est pas vous, enfin, qui faites cause commune avec ces amateurs de la belle nature, qui, pour faire revivre la statue monstrueuse de Saint-Christophe, donnaient volontiers l'Apollon du Belvédère, et de grand cœur échangeaient *Phèdre* et *Iphigénie* contre *Faust* et *Gœtz de Berlichingen*.

Mais l'élan était donné, les années qui suivirent furent remplies, laborieuses, ardentes, décisives. Amour, politique, indépendance, chevalerie et religion, pauvreté et gloire, étude opiniâtre, lutte contre le sort, tout apparaît et grandit à la fois à ce degré de hauteur qui constitue le génie. Tout s'embrasa, se tordit, se fondit au feu des passions, sous ce soleil de la plus âpre jeunesse. Il en sortit des natures d'un alliage mystérieux, où la lave bouillonnait sous le granit, des armures brûlantes et solides, aux poignées éblouissantes de perles, aux lames brunes et sombres, vraies armures de géants, trempées aux lacs volcaniques. Trois cents chevaliers les revêtirent, et battirent la campagne après avoir élevé aux cris de : « Vive le romantisme ! » un nouveau chef sur le pavois.

Ce chef, c'était Victor Hugo !

Tandis que les trois cents chevaliers promenaient leurs bannières, les gamins de la suite esquissaient des pieds de nez à Pixérécourt. Chez nous les religions vont vite. Un jour, ils se réunirent, et sous la raison sociale de Ledoux et Barbarigo, *della Torrida*, lancèrent la proclamation suivante, pleine d'ironie gauloise :

. . . .

On nous objectera peut-être que le romantisme en frac et en petit chapeau à la trois pour cent, étant plus nouveau, doit avoir plus d'attrait pour le mélodramaturge que le classique en manteau rouge et en toque de velours. Nous répondrons : L'histoire moderne, féconde en assassinats, nous offre chaque jour quelques nouveaux forfaits, dont les détails excitent la sensibilité des nerfs les moins délicats. Aussi en transportant ces sujets sur la scène, ils n'auront point l'attrait de la nouveauté, les amateurs en connaîtront d'avance le dénouement, car ils auront déjà vu gratis, sur la place de Grève, ce qu'on leur offrira pour de l'argent. Eh ! quel intérêt peuvent nous inspirer le commis

Gustave et le cocher *Roule-Paris*, et tant d'autres, dont les noms peu sonores ne résonnent que faiblement à l'oreille? Inspirent-ils l'effroi et la terreur comme ceux du traître Stéphano et du brigand Spalatro? Un coup de pistolet tiré au hasard, une diligence passant sur le corps d'un fashionnable de la rue du Bouloi, peuvent-ils émouvoir l'âme d'un mélodramaturge? Non. Il lui faut des sensationss plus fortes, et surtout des secousses bien plus terrible.

Auteurs, qui voulez concilier la gloire avec le profit, suivez les traces de vos devanciers ; faites renaître les beaux jours du mélodrame, et ne craignez point d'être accusés de plagiat. Si quelque événement fortuit (déjà préparé dès la première scène), ne produit pas l'effet que vous en attendiez, ne vous découragez point, qu'un embrasement général termine le cinquième acte, alors vous triompherez, et chaque adepte s'écriera : *J'ai frémi, me voilà désarmé.*

LEDOUX et BARBARIGO, *della Torrida*.

Alors parut à l'horizon le grand soleil romantique sous les feux duquel les œuvres de M. de Pixérécourt devaient se tordre comme des épis trop mûrs. Nombre d'auteurs dramatiques, sous l'égide du maître, inventèrent des moyens nouveaux, s'abandonnant aux faits sans prétendre les régler, laissant crier les acteurs qui, bouleversant la ville, poussaient des cris divers, renversaient les lois et bientôt les trônes ; changeant les hommes, les couleurs, les faits, les mœurs, les adorations et les blâmes, ils trouvèrent une émotion nouvelle, émotion d'un peuple à la veille de 1830, indépendante de toute méprise. Ils jetèrent bravement au feu les rhétoriques consacrées, les modèles consacrés, au point qu'Aristote et Boileau étaient sur le point de devenir des contre-révolutionnaires ; les vieux faiseurs tombèrent un à un, tandis que l'école nouvelle prenait tout, touchait à tout, changeait tout, jusqu'à faire préférer au froid atrium d'Athalie le gothique flamboyant du quatorzième siècle, jusqu'à donner une forme arrêtée, un sens aux moindres accessoires, à l'aiguillette, au bout de l'habit, au ruban du soulier, à la dentelle du chapeau, aux meubles, à la façade, aux murailles, à la porte, à la clef, à l'échelle, au poignard, à la hallebarde, au mousquet, au plafond du Primatice, au château de Chambord, à la forteresse de Beaugency, à l'échafaud qu'on dresse, au cercueil que l'on cloue, à la coupe et au flacon, à la livrée du valet qui porte d'une main élégante le plateau d'or chargé de cristal !

Ces temps derniers, un académicien est venu nous vanter la littérature de l'Empire !

Cherchez, comparez, rappelez-vous ! Rappelez-vous les longues et patientes études de notre siècle, afin d'arriver à trouver des œuvres originales ; la peine et le soin des hommes qui ont un style, et comparez, s'il vous plaît, tant de travaux, avec tant de peines stériles et tant d'efforts si royalement récompensés. A qui veut se rendre compte enfin des pâles œuvres du monde impérial, on ne peut montrer que des nuages, des bourdonnements, des fumées, des hasards. Le sans-gêne et le peu de valeur de ces grands écrivains d'une époque où la France entière *était un soldat* (le mot est de Chateaubriand), où la France entière n'était *qu'un soldat*, est une chose à confondre les esprits les plus indulgents. Les hommes qui se sont tant écriés et récriés qu'ils représentaient *les anciens* ne se sont doutés de rien, ni du passé de la littérature du monde, ni de son avenir ; ils n'ont su aller ni en deçà ni au delà de ces heures stériles et bruyantes de trompettes, de fumée et de tambours, dont la poésie était le canon et le bruit des villes croulantes.

Ils ont enfin, eux, les chantres des victoires, été battus par la nouvelle jeunesse.

C'est que c'était une jeunesse éclatante et pétulante, active et féconde ! On eût dit, à la voir en son éclat, ces rayons avec lesquels le dieu forgeron forge les foudres de Jupiter. L'inspiration était de la fièvre ; les passions, un volcan. C'était un entassement, sans forme et sans fin, d'extases, d'ambitions, de délires, de misères, d'espérances, de désespoirs ! C'était dans le plus étrange et le plus merveilleux pêle-mêle, des odes sans nom, des drames inouïs, des antiennes, des fanfares, des ivresses ! Et on vit naître — accouchement immense ! — Lamartine, Hugo, Alexandre Dumas, Alfred de Musset, Sand, Balzac, Théophile Gautier, Delacroix, Louis Boulanger, Ary Scheffer, Devéria, Decamps, David d'Angers, Barye, Berlioz, etc., etc.

C'est au milieu de ce chaos, dragon à la queue mélodramatique et à la gueule romantique, que naquit Frédérick-Lemaître, appelé à enfourcher ce monstre qui devait le conduire à la gloire. Son génie effleura les deux pôles. Il interprète Pixérécourt, Ducange, Antier, Hippolyte Nézel, et tant d'autres ; les perruques comptent sur lui pour régénérer tout un passé: ah bien oui !

Le 2 octobre 1822, un théâtre du boulevard était fermé pour la répétition générale d'un mélodrame intitulé : *les Deux Forçats*. Le principal rôle était échu à une débutante, madame Dorval. Le jour de la représentation, aux premiers mots qu'elle dit, le public, frappé d'étonnement, écoute, frémit et se passionne. Il admire ! il applaudit ! il crie ! Il venait tout simplement d'enfanter la véritable comédienne, et la seule qui pût mettre au jour les drames à venir. Désormais madame Dorval existait ; désormais Victor Hugo, Alexandre Dumas et tous les autres pouvaient venir.

Quel feu et quelle émeute à suivre ! C'est toute une révolution qui se complétera par le génie et les efforts du nouveau venu, de Frédérick-Lemaître. Ce sont là les commencements d'une émotion dramatique dont la France se doutait à peine. Le mélodrame alors régnait en maître et remplissait les théâtres subalternes pendant que la tragédie était souveraine au Théâtre-Français.

Entre ces deux déclamations si différentes, rien ne paraissait possible, et pas un prévoyant n'eût pensé qu'un mortel, quel qu'il fût, se rencontrerait assez bête, ou même assez hardi, pour échapper à l'école de M. Talma ou à l'école de MM. Stockleit et Tautin. Ce fut donc une surprise étrange, une joie inattendue, et le triomphe éclatant de la plus véhémente inspiration, lorsqu'un beau soir, tout d'un coup, deux comédiens inconnus se mirent, en plein mélodrame, à parler la belle langue universelle, à réciter cette prose ampoulée et redondante d'une façon simple et naturelle ; à changer ce même drame, où l'on parlait toujours en simple comédie, en simple causerie.

Aussi, à eux deux, ces comédiens bien inspirés firent une révolution complète dans l'art dramatique. Aussitôt chacun des spectateurs, habitué à tous les glapissements du mélodrame, à tout ce fracas des voix et des paroles, de s'entre regarder avec étonnement, ému et charmé par tant de simplicité et tant de grâce.

Vous souvenez-vous de lui dans *Ruy-Blas?* Il venait de jouer *Robert-Macaire*. On se demandait s'il parviendrait à dépouiller sa hideuse défroque, dont les lambeaux semblaient s'attacher à sa chair, comme la tunique empoisonnée du centaure Nessus. Regardez, le voilà qui s'élance de ce tas de haillons, mélancolique, passionné, plein de force et de grandeur, sachant trouver des larmes pour attendrir et des tonnerres pour menacer, c'est encore le Frédérick de Faust, de Rochester, de Richard d'Arlington et de Gennaro ! Il est prodigieux, étourdissant ! les moindres mots prennent dans sa bouche une profondeur et un accent singuliers, et, de la phrase la plus insignifiante en apparence, il fait jaillir une lueur fauve inattendue qui éclaire tout le drame. Robert-Macaire s'est fait Ruy-Blas, comme Ruy-Blas se fera Vautrin. Frédérick est un protée, jetant à tous les vents son talent, son génie, sa gloire, sa beauté. Il est l'auteur du geste soudain et de l'éclair inattendu ! Pourvu qu'il ait un haillon à se jeter sur l'épaule, un bord de manteau à faire relever par sa rapière; pourvu qu'il ait une chaise à changer de place, un prétexte d'aller de droite à gauche, ou de gauche à droite, c'est tout ce qu'il lui faut. Il saura substituer à la figure indécise, mollement charbonnée par le fabricant dramatique, une silhouette vivante, digne de Salvator Rosa ou de Callot. Un geste, un mot, un cri, il enlève la salle! D'un rayon de sa prunelle, il éclaire, à travers l'action, de livides abîmes, des gouffres du cœur humain, que ne soupçonnait pas l'auteur! Il est toujours beau, toujours imprévu, surprenant, haut comme le ciel, trivial comme la vie, passionné, railleur, désordonné et pourtant toujours maître de lui, dominant son rôle, son interlocuteur et son parterre.

Un grand vide se fait dans l'âme lorsque les choses qui vous ont passionné disparaissent les unes après les autres : où retrouver ces émotions, ces luttes, ces fureurs, ces emportements, ce dévouement sans borne à l'art, cette puissance d'admiration? Lorsque l'on a aimé et suivi un artiste à travers les transformations de sa vie au théâtre, qu'on a pleuré, aimé, souffert avec lui, il s'établit entre le comédien et vous, une figure rayonnante, vous spectateur perdu dans l'ombre, un magnétisme qu'il est difficile de ne point croire réciproque.

Richard d'Arlington, Faust, Ruy-Blas, don César de Bazan, vous avez vécu avec nous d'une vie réelle; vous ne fûtes point de vains fantômes fardés, séparés de nous par un cordon de feu : nous avons cru à votre amour, à vos larmes, à vos désespoirs, à vos colères !

Et c'est pour vous ressusciter quelques instants que nous entreprenons la rude tâche de repasser votre vie !

II

Sa naissance. — Sa vocation. — Michelot. — Lafon. — Il est refusé à l'Odéon. — Talma. — La révolution dans le costume. — Lekain. — La tragédie et la comédie.

Antoine-Louis-Prosper Lemaître, dit Frédérick, est né au Havre, le 24 juillet 1800 et non 1798, comme l'ont prétendu ses biographes.

Son grand-père était musicien, son père architecte.

Remarquant chez son fils un goût décidé pour la déclamation, M. Lemaître l'amena, vers 1819, à Paris, et le fit concourir au Conservatoire. Michelot, président du jury, l'arrêta au quatrième vers :

— C'est bien, lui dit-il, travaillez, vous deviendrez sûrement un artiste de premier ordre.

C'est donc à Michelot que revient l'honneur d'avoir le premier deviné Frédérick. C'était un enthousiaste que ce Michelot, qui dès le commencement de sa carrière théâtrale avait eu à lutter aussi contre les préjugés à la mode. Obligé de monter sur la scène à côté de Lafon et d'Armand, l'un et l'autre en possession de la faveur publique, l'un dans la tragédie, l'autre dans la comédie, il ne lui avait été permis de jouer qu'un petit nombre de rôles. Onze ans après ses débuts, il était cependant sociétaire et lorsque l'âge força les deux chefs d'emploi à la retraite, qu'il n'eut plus de rival dans ce qu'il restait de l'ancienne troupe, qu'il put se livrer à son tempérament, ses succès grandirent de jour en jour. On a gardé le souvenir de ses triomphes dans *Louis IX*, *Sylla*, *Henri III* et *Hernani*. Michelot commença lui aussi à sacrifier à l'ère nouvelle, mais à y sacrifier sans renier ses premiers dieux auxquels il réservait une grande prêtresse, comme pour s'excuser d'avoir changé de religion.

Cette grande prêtresse, qui fut son élève, s'appelait Rachel !

Tel était Michelot qui fit Rachel et Frédérick !

Ce dernier lui répondit :

— Oui monsieur, je travaillerai, je vous le promets.

Frédérick était alors beau comme l'Antinoüs bithynien. Sa taille élégante et svelte, ses cheveux noirs, son visage aux lignes correctes, son large front, son œil bleu, noyé dans le vague du sentiment, tout se réunissait pour donner à sa personne un caractère de poésie, d'inspiration et de grandeur.

Michelot lui désigna la classe de Lafon, qui selon lui était la nature qui serait la mieux comprise de Frédérick. Et Michelot avait encore raison, car ce Michelot est comme une providence.

Lafon possédait la fougue de la vocation : c'en était une, une vraie, qui l'avait décidé à prendre le théâtre. A l'âge de dix ans, il obtenait des succès aux représentations de fin d'année, données par les élèves du collége de Bergerac. En 1791, élève assidu des leçons de rhétorique de Perlus, il composait une tragédie en cinq actes et en vers : *la Mort d'Hercule*, dans laquelle il remplit avec un immense succès le rôle de Nessus. Deux ans après, il jouait à Bordeaux. Sa jeunesse, ses qualités extérieures, ses allures fanfaronnes qu'il tenait de son origine, réussirent complétement. Recommandé à Paris par Barras, il va trouver Dugazon. Le comédien s'intéresse à son jeune émule jusqu'au jour où Lucien Bonaparte daigne lui accorder sa protection, dont il profita au point de devenir l'émule de Talma. Pendant vingt-six ans ces deux acteurs diversement célèbres occupèrent, non pas au même rang, mais d'un pas égal, la scène tragique. Lafon, comme Talma, eut ses partisans nombreux, ardents, enthousiastes. Il était surtout remarquable dans le rôle des personnages qui expriment avec franchise, avec chaleur des sentiments passionnés. Telles furent du moins les qualités qu'il sut inculquer à son élève.

Après un an de travail opiniâtre, Frédérick, sur le conseil de son professeur, se présenta pour entrer à l'Odéon. Mais à cette époque un instinct de révolte contre les règles consacrées et un mépris formel des traditions se développaient déjà dans l'âme du jeune comédien. L'Odéon refusa d'ouvrir ses portes à ce Calvin de la scène qui s'insurgeait contre la discipline dramatique et voulait saper dans leur base tous les points de doctrines établis.

Un seul protesta contre l'exclusion de Frédérick.

Ce fut Talma !

N'avait-il pas fait lui-même une révolution théâtrale ? et sans lui ne jouerait-on pas encore aujourd'hui *Œdipe* et *Britannicus* en habit à la française, en perruque et en culottes courtes !

Le grand acteur tragique devinait le grand acteur de drame.

La séance terminée, Frédérick se jeta en pleurant dans les bras de son défenseur. Talma le pressa contre sa poitrine et lui fit promettre de revenir le lendemain chez lui.

Frédérick n'eut garde d'y manquer.

On devine aisément si l'on parla théâtre. Talma retourna son jeune disciple dans tous les sens. Quand on en vint à la question du costume :

—Le théâtre, dit Talma, doit, en quelque sorte,

offrir à la jeunesse un cours d'histoire vivante. Gardons-nous de lui donner des notions tout à fait fausses sur les habitudes des peuples et sur les personnages que la tragédie fait revivre. Je me le rappelle très-bien, dans mes jeunes années, en lisant l'histoire, mon imagination ne se représentait jamais les princes et les héros comme je les avais vus au théâtre. Je me figurais Bayard élégamment vêtu d'un habit couleur de chamois, sans barbe, poudré, frisé, comme un petit maître du dix-huitième siècle. Je voyais le roi serré dans un bel habit de satin blanc, la chevelure flottante et réunie sous des nœuds de rubans. Si parfois l'acteur rapprochait son costume du vêtement antique, il en faisait disparaître la simplicité sous une profusion de broderies ridicules, et je voyais les tissus de velours et de soie aussi communs à Athènes et à Rome qu'à Paris ou à Londres. Lekain ne parvint à faire disparaître qu'en partie le ridicule des vêtements que l'on portait ailleurs qu'au théâtre, sans pouvoir établir ceux qu'on y devait porter. A cette époque cette sorte de science était tout à fait ignorée, même des peintres. Les statues, les manuscrits anciens ornés de miniatures, les monuments existaient comme aujourd'hui, mais on ne les consultait pas. C'était le temps des Boucher et des Vanloo, qui se gardaient bien de suivre l'exemple de Raphaël et du Poussin dans l'agencement de leurs draperies. Ce n'est que lorsque notre célèbre David parut, qu'inspirés par lui, les peintres et les sculpteurs, et surtout les jeunes gens parmi eux, s'occupèrent de ces recherches. Lié avec la plupart d'entre eux, sentant toute l'utilité dont cette étude pouvait être au théâtre, j'y mis une ardeur peu commune. Je devins peintre à ma manière. J'eus beaucoup d'obstacles et de préjugés à vaincre, moins de la part du public que de la part des acteurs; mais enfin le succès couronna mes efforts, et sans craindre que l'on m'accuse de présomption, je puis dire que mon exemple a eu une grande influence sur tous les théâtres de l'Europe. Lekain n'aurait pu surmonter tant de difficultés : le moment n'était pas venu. Aurait-il hasardé les bras nus, la chaussure antique, les cheveux sans poudre, les longues draperies, les habits de laine ? Eut-il osé choquer à ce point les convenances du temps? Cette mise sévère eût alors été regardée comme une toilette fort malpropre, et surtout fort peu décente. Lekain a fait tout ce qui se pouvait faire, et le théâtre lui en doit de la reconnaissance. Il a fait le premier pas, et ce qu'il a osé nous a fait oser davantage.

Et comme Frédérick lui demandait ce qui offrait le plus de difficulté de la tragédie ou de la comédie :

— Sans entrer, répondit Talma, dans la question de savoir s'il est plus difficile de jouer la tragédie que la comédie, je vous dirai que pour arriver à la perfection dans l'un et dans l'autre genre, il faut posséder les mêmes facultés morales et physiques. Seulement, je pense qu'elles doivent être douées de plus de puissance chez l'acteur tragique. La sensibilité, l'exaltation chez l'acteur comique, n'ont pas besoin de la même énergie. L'imagination en lui a moins à faire; il représente des objets qu'il voit tous les jours, des êtres à la vie desquels il participe en quelque sorte. A quelques exceptions près, sa fonction ne consiste qu'à imiter des travers ou des ridicules, qu'à peindre des passions prises dans une sphère qui est celle de l'acteur même, et par conséquent plus modérées que celles qui sont du domaine de la tragédie. C'est pour ainsi dire sa propre nature qui, dans ses imitations, parle et agit en lui, tandis que l'acteur tragique a besoin de quitter le cercle où il a coutume de vivre pour s'élancer dans la haute région où le génie du poëte a placé et revêtu de formes idéales des êtres conçus dans sa pensée, ou que l'histoire lui a fournis, agrandis déjà par elle et par la longue distance des temps. Il faut qu'il conserve à ces personnages leurs grandes proportions, mais qu'en même temps il soumette leur langage élevé à des accents naturels, à une expression naïve et vraie, et c'est ce mélange de grandeur sans enflure, de naturel sans trivialité, c'est cet accord de l'idéal et de la vérité qu'il est fort difficile d'atteindre dans la tragédie.

On dira peut-être qu'un acteur tragique a bien plus de liberté dans le choix de ses moyens pour offrir au jugement du public des objets dont les types n'existent pas dans la société, tandis que chez l'acteur comique ce même public peut facilement juger si la copie est conforme au modèle qu'il a sous les yeux ; mais je répondrai que les passions sont de tous les temps : la société peut en affaiblir l'énergie ; mais elles n'en existent pas moins au fond des âmes, et chaque spectateur peut en juger très-bien par lui-même.

Pour les grands caractères historiques, comme c'est ce public instruit qui fait seul l'opinion, ainsi que la réputation de l'acteur, comme il est familiarisé avec l'histoire, il peut facilement juger de la sévérité de l'imitation. L'on voit donc, par ce que je viens de dire, que les facultés morales doivent avoir plus de force et d'intensité chez l'acteur tragique que chez l'acteur comique.

Quant aux qualités physiques, on sent que la mobilité des traits, l'expression de la physionomie doivent être plus prononcées, la voix plus pleine, plus sonore, plus profondément accentuée dans l'acteur tragique, qui a besoin de certaines combinaisons, d'une force plus qu'ordinaire pour rendre, d'un bout à l'autre, avec la même énergie, un rôle dans lequel l'auteur a souvent rassemblé en un cadre étroit, dans l'espace de deux heures, tous les mouvements, toutes les agitations qu'un être passionné ne peut ressentir souvent que dans un long espace de sa vie.

Frédérick n'avait jamais oublié cette conversation, qu'il nota une fois de retour chez lui.

— Je l'ai écrite, me disait-il, il y a quelques années, sous sa dictée même.

Et il ajouta :

— Je crois encore entendre Talma, dont je cherchais à me graver dans la tête toutes les admirables choses, tandis qu'il me parlait. Il était appuyé le long de la cheminée, moi j'étais assis dans un fauteuil et mes regards allaient alternativement du grand artiste au buste de Napoléon, qui reposait sur un trépied antique. Quand il eut fini, je couvris ses mains de baisers, et je crus remarquer qu'il recevait cet hommage avec la dignité d'un roi et la coquetterie d'une femme.

III

Il entre aux Variétés-Amusantes. — *Pyrame et Thisbé.*
Débuts à quatre pattes. Madame Rose. — Il va aux Funambules. — Ses succès. — Il essaye de danser sur la corde.
— Découragement. — Le cirque de MM. Franconi. — Cuvelier. — Le règne des bêtes.

Frédérick voulait essayer ses forces, à tout prix, n'importe où.

Quinze jours après sa conversation avec Talma, il entrait aux Variétés-Amusantes.

Les biographes ne manquent pas de s'exclamer, en parlant des Variétés-Amusantes, mais elles n'étaient pas ce que l'on croit.

Savez-vous bien que le jour de l'ouverture on y joua, ne vous en déplaise, une grande pantomime intitulée : *la Jérusalem délivrée?*

Savez-vous bien que Paul Jones faisait grand cas des suffrages de son public ordinaire, et que tout ambassadeur des États-Unis qu'il était, bien qu'il fût des intimes de Washington et de Lafayette, il ne dédaigna pas de s'y faire couronner au milieu de la représentation du *Siége de Grenade*, par le directeur, M. Parisot, qui avait imaginé de suspendre en l'air une couronne glissant par une poulie au-dessus de la tête du héros américain?

Les pièces qu'on représentait offraient souvent de l'esprit et de la morale. Des auteurs, qui plus tard ont obtenu des succès légitimes, y commencèrent. Lebrun-Tossa y donna *la Cabale*, *l'Agioteur*, *les Rivaux amis*; Saint-Firmin, *la Jeune Esclave*; Grétry, neveu du compositeur, la *Noblesse au village*; Derviaux, *l'Ombre de Jean-Jacques Rousseau*; Gassier, *Gilles, toujours Gilles*, et *la Liberté des Nègres*; Guillemain, *la Petite Goutte des Halles*; etc., etc.

Vous voyez donc qu'un jeune homme y pouvait débuter sans tomber si bas qu'on a bien voulu le donner à entendre.

Malheureusement il n'eut pas de chance.

La première pièce qu'on monta, dès son arrivée, fut *Pyrame et Thisbé*. Lauréat du Conservatoire, le nouveau venu s'attendait à jouer le rôle de Pyrame. Vaine espérance! Dans la pièce comme dans l'histoire, les deux amants de Babylone se donnent rendez-vous sous un mûrier hors des murs de la ville. Surprise par l'approche du lion, Thisbé se sauve, — on connaît la suite.

Or, Frédérick fut chargé de représenter le terrible animal, avec son costume fauve et sa longue crinière.

Il fit ses débuts à quatre pattes, ce qui ne manquait pas d'une certaine originalité.

Cependant le rôle du lion menaçant de s'éterniser, il fit un coup de tête, partit du théâtre sans prévenir personne et courut exercer sa verve comique chez madame Rose, où il débuta par de très-spirituelles parades, alors que la parade était en honneur et que Bobêche tenait la place du café Tortoni.

Comment paradait-il? Vous pensez bien que les journaux de l'époque restent muets sur cette question. Il trouva cependant moyen de se faire remarquer, puisque quelque temps après, M. Bertrand, directeur des Funambules, le choisissait pour compléter sa troupe.

Il eut des succès! il se fit un public! il se couvrit de gloire! et c'est ainsi que parut à ces Funambules l'homme qui devait être le seul comédien qui comprît le drame moderne, le seul qui sût le jouer, le seul qui fût fait pour lui et pour lequel il fut fait.

C'est par ce parterre à quatre sous, cet intelligent parterre des faubourgs, qui devine si bien ; c'est par cet ingénieux et tout-puissant parterre qu'il fut deviné.

C'est lui qui remplissait le rôle d'Arimane! Qui se souvient encore de la terreur qu'il inspirait dès son entrée avec une lance en bois et un bouclier en carton? Plus tard il joua *le Soldat Laboureur*, *Catherine de Stenberg*, *le Faux Ermite*, et plus il jouait, plus se développait cette verve malicieuse qui devait porter de si grands fruits plus tard. Cela dura un an; un an de gloire incognito et de bonheur bien senti. Mais un beau jour vint un ordre du ministre,

ministre jaloux! qui ordonnait à tout acteur des Funambules de danser sur la corde avant de faire son entrée. Pour obéir à un ordre venu de si haut, Frédérick voulut danser sur la corde ; mais, à son premier pas dans ce périlleux voyage, il tomba et se dégoûta de ces sortes d'entrées ; il dit adieu au berceau de sa gloire qu'il quitta en pleurant et entra à Franconi.

Eh! oui à Franconi! vous allez rire encore?

Le cirque de MM. Franconi attirait alors tout Paris ! Il avait ses auteurs ; Cuvelier entre autres, le pantomime fécond, original, Cuvelier, la providence des muets, qui aurait pu fonder un théâtre pour les élèves de l'abbé Sicard, et qui fit représenter : *la Femme Magnanime*, *Frédégonde et Brunehaut*, *Richard Cœur-de-Lion*, *le Renégat*, *les Français dans la Corrogne*, *la Mort de Poniatowski*, *Gérard de Nevers*, *la Belle Euriante*, *Mazeppa*, que sais je ? Il y avait là, gravitant autour de Minette Franconi, les Bastien, les Bussin, les Lagoutte, les Auriol, les Paul. Il y avait les princesses du cheval, mesdames Lucie, Varnier, Antoinette et Armantine Jolibois. Il y avait encore les jongleurs indiens, les sœurs Romanini, sylphildes terrestres se tenant sur un fil d'archal, comme l'oiseau sur la branche, le papillon sur la fleur ; enfin M. Hynck, nain célèbre. Et le cerf *Coco!* et l'éléphant Kiouny qui eut tant de succès dans *l'Éléphant du roi de Siam*, de MM. Ferdinand Laloue et Léopold, s'il vous plaît !

Ah ! si l'on avait dit alors, au comparse qui revêtissait la peau de l'ours des *Deux Chasseurs* (où feu Dossainville était si drôle), si l'on avait dit aux figurants chargés de faire les pieds du chameau dans *la Caravane du Caire :* « Un jour, on se passera au théâtre de comparses et de figurants pour tenir l'emploi de bêtes... Un jour, on rira, en voyant pendus, dans un coin du magasin, votre peau d'ours, votre tête de lion, vos pieds d'éléphant, vos bosses de chameau, vos cornes de cerf..... » figurants et comparses auraient répondu avec indignation :

— Qui donc nous remplacera ?
— Qui vous remplacera ? Des bêtes !
— Des bêtes ?
— Oui, des bêtes !

— Jamais!... jamais!

Pourtant le règne des bêtes est venu. J'ai même peur qu'il soit long, car leur intelligence confond celle de beaucoup d'hommes qui se croyaient des gens d'esprit.

Frédérick joua hardiment la pantomime. Il y obtint du succès.

Il se fait remarquer dans *la Mort de Kléber!*

J'ai retrouvé, grâce à l'obligeance de M. Charles Franconi, le directeur du cirque actuel, le manuscrit de cette *Mort de Kléber*, toujours de Cuvelier, où Frédérick jouait *enfin* un rôle! Quel rôle? celui de Seid-Abdoul. Les registres que j'ai consultés m'ont permis de constater qu'il gagnait alors 80 francs par mois!

Belle somme pour un viveur!

Suivons-le un peu dans son personnage.

IV

La mort de Kleber.

LA MORT DE KLÉBER

ou

LES FRANÇAIS EN ÉGYPTE

Pantomime militaire en deux actes [1].

Vu au ministère de la police générale du royaume, conformément à la décision de S. Exc., en date de ce jour, à *la charge que (soit dans les drapeaux, soit dans les autres signes militaires) rien ne retracera à la représentation des couleurs qui ne seraient pas permises par les lois.*

Paris, le 19 novembre 1818.

Le maître des requêtes, secrétaire général,

SIGNATURE ILLISIBLE.

Nous copions textuellement ce titre de départ sur le manuscrit, et tel qu'il est revenu de la censure.

PERSONNAGES.	ACTEURS.
	MM.
KLÉBER, général français......	Franconi aîné.
JULES, trompette des guides du général............................	Adolphe Franconi.
Un Officier général de cavalerie..	Dominique.
Un Colonel de troupes légères à cheval............................	Bassin fils.
Un Général d'infanterie, chef d'état-major...........................	Ballieste.
Un Officier, ingénieur............	Ferin.
Deux Aides de camp.............	L'espérance, Massey.
Deux Colonels d'infanterie.......	La Haye, Amable.
SOLEYMAN, jeune turc d'Alep..	Paul.
SEID ABDOUL, lecteur du Coran, au Caire, à la grande mosquée.	Frédérick.
MOHAMMED EFFENDI, magistrat du Caire...................	Théodore.
Un vieux Iman	Ahn.
OSMAN, aga des janissaires.....	Bunel.
NASSIF, pacha commandant les Turcs...........................	Bassin père.
IBRAHIM BEY, commandant les Mamelouks.....................	Lagoutte.
SAMEA, jeune fille turque.......	Mlle Adèle.
KADILLA, son aïeule............	Mme Demorange.
GEORGETTE, vivandière française, mère de Jules............	Mme Baron.
ZISKA, jeune Éthyopienne au service de Kadilla................	Mlle Céleste.

Officiers, Sous-officiers et Soldats français de toutes armes.
Arabes, Mameloucks, Janissaires, peuple du Caire.

La scène se passe au Caire et dans les environs.

ACTE PREMIER.

Le théâtre représente une partie du désert; à droite et à gauche, deux bancs de sable; au fond, quelques palmiers isolés; à gauche de l'acteur, en avant, un débris de colonnes et des ruines.

SCÈNE PREMIÈRE.

Soleyman et Seid-Abdoul arrivent sur un dromadaire conduit par un esclave. — Ils mettent pied à terre.— Seid ordonne à l'esclave de conduire le dromadaire sous un palmier touffu, près des ruines ; l'esclave obéit et disparaît.

SCÈNE II.

Soleyman, fatigué, triste et rêveur, vient s'asseoir sur un banc de sable; Seid s'approche de lui, et le regarde d'un air sombre.

SEID.

Allah bénira nos travaux : encore un pas, mon cher Soleyman ; nous voici bientôt au pied des Pyramides, et ce voyage périlleux, que nous avons entrepris pour délivrer l'Égypte de la tyrannie des infidèles, touche à son terme. Le Grand Caire est toujours au pouvoir des Français ; mais si leur chef tombe, si Kléber cesse d'exister, ils se disperseront comme le sable du désert au souffle du Kamsin formidable.

SOLEYMAN.

Je dois te l'avouer, cher Seid, mon courage est abattu... La fatigue, l'inquiétude... Hélas ! j'ai sans cesse devant les yeux l'image de mon père chargé de chaînes, enfermé dans une horrible prison.

SEID.

As-tu donc oublié que tu peux le sauver ? (Soleyman se lève.) Oui, si tu livres le combat sacré, si ton poignard atteint le cœur de l'ennemi du Coran, les récompenses que tu dois attendre de la munificence du visir suffiront pour acquitter la dette qui retient ton père en captivité, et te former dans Alep une fortune indépendante, avec cette jeune beauté que tu chéris.

SOLEYMAN, avec feu.

Ah! pour obtenir la liberté de mon père et la possession de celle que j'adore, je puis braver les plus affreux dangers .. Fais-moi connaître ce Kléber, cet ennemi du Prophète que je dois frapper, et tu verras bientôt que Soleyman est digne de la mission glorieuse que l'ange de la mort lui-même est venu lui annoncer dans le sommeil.

(Il s'incline avec un respect fanatique.)

SEID.

Modère cet empressement. Il ne nous est point permis d'agir avant d'avoir reçu les derniers ordres du brave Osman, aga des janissaires, qui commande en ce moment dans Héliopolis l'avant-garde du grand-vizir. C'est près de lui qu'il faut nous rendre... Viens, suis-moi.

Ils font un mouvement pour sortir. On entend dans le lointain quelques coups de fusil. Ils s'arrêtent.

SOLEYMAN.

Quel est ce bruit de guerre ?... Les Turcs auraient-ils rompu la trêve faite avec les Français ?

SEID, avec emportement.

Oui, sans doute : il n'est aucun traité inviolable avec les ennemis du Croissant. (En se modérant.) J'ai su dans Gaza que Kléber, d'après le traité d'El-Arisch, fidèle à des conventions dans lesquelles il trouve le salut de son armée, devait retirer ses garnisons des différentes forteresses que ses troupes occupent : ce sont sans doute les Arabes, excités par le visir, qui les attaquent dans leur retraite.

SOLEYMAN.

Mais ne crains-tu pas que nous mêmes ?...

SEID.

Les Arabes respecteront les firmans que nous avons reçus du Grand-Seigneur; et nous sommes porteurs de passe-ports français qui nous mettent à l'abri de tous soupçons.

On entend un cliquetis d'armes. Tous deux regardent au fond.

SEID.

Les combattants se rapprochent de ce côté. (Montrant l'endroit par où l'esclave est sorti avec le dromadaire.) Cachons-nous dans ces ruines.

Je passe rapidement sur l'action. Il y a une escarmouche dans laquelle les Français sont vainqueurs. Officiers et soldats entourent Kléber en versant des larmes.

C'est dans cet instant que les deux traîtres, cachés

pendant les dangers, reparaissent, tandis que tous les Français sont inclinés avec respect autour de Kléber. Seid le désigne à Soleyman qui porte la main sur son poignard. Les officiers se retournent, aperçoivent les deux Turcs, et les font avancer auprès du général.

Ces deux misérables, les yeux baissés, se prosternent devant lui. On les interroge ; ils montrent leurs passe-ports français. Le général les parcourt de l'œil, et ordonne que ces voyageurs continuent librement leur route : mais comme ils paraissent pauvres, il leur offre généreusement une bourse. Soleyman voudrait la refuser ; mais Seid, plus avide, l'accepte et s'éloigne avec son compagnon, en témoignant une feinte reconnaissance.

Le théâtre change et représente une campagne.

Au fond s'élève, au milieu des ruines, une redoute garnie de canons et palissadée ; au fond, dans le lointain et sur un des côtés, on aperçoit une partie du village de Matariéh : quelques ouvrages en terre le défendent.

Hemf-Pacha s'assure du dévouement de Soleyman. Au moment où ce dernier lui jure la mort de Kléber, les Français, leur général en tête, pénètrent dans la redoute à la baïonnette. Bataille et victoire.

ACTE DEUXIÈME.

Le théâtre représente un jardin; au fond, une terrasse qui communique à une galerie et divers bâtiments; on y monte par un escalier placé à gauche; en avant, sur la droite, on voit des arbustes fleuris; au milieu est une citerne à roues, auprès un banc et un nopal (grand figuier des Indes). En face, à gauche, est un pavillon élevé sur plusieurs marches, dans ce pavillon on voit une table, des papiers, des plumes et plusieurs siéges; la table est couverte d'un tapis; au delà de la terrasse on distingue la place d'Esbékir.

Nous sommes chez la jeune Samea et chez Kadilla attendant Kléber et son état-major, qui doivent prendre chez elles leur quartier général.

KADILLA.

Qu'aperçois-je donc là bas? le vieux Iman et le lecteur de la grande mosquée... un étranger les accompagne : que viennent-ils faire dans le palais des Francs?

SCÈNE IV.

L'Iman entre avec Seid et Soleyman.

SEID, d'un ton patelin.

Pardon, respectable Kadilla, si nous venons vous déranger au milieu des préparatifs de la fête pour le grand chef des Francs, si cher à tous les habitants du Caire, qu'il vient de sauver pour la deuxième fois ; mais connaissant votre charité, votre humanité, et surtout votre bienveillance pour les saints ministres du culte de Mahomet, nous n'avons pas hésité, le vénérable Iman et moi, à venir vous demander une grâce pour ce jeune et fidèle croyant. (Il montre Soleyman.)

KADILLA, brusquement.

Parlez, de quoi s'agit-il ?

SEID.

De remplir la loi du Prophète en donnant l'hospitalité pour une nuit seulement à ce pauvre voyageur.

KADILLA, avec mécontentement.

Ne pourriez-vous le loger dans la mosquée? Ce serait donner le précepte et l'exemple.

SEID, avec dissimulation.

Vous avez bien raison, fidèle musulmane, mais la mosquée est destinée à recevoir les braves Français blessés.

KADILLA.

Les pauvres gens ! que je les plains ; et que je vous loue de leur donner un asile !

L'IMAN.

Vous consentez donc ?

KADILLA.

Je ne puis vous refuser; mais il faut que je prévienne les officiers supérieurs français qui habitent cette maison.

SOLEYMAN.

Quelle nécessité?

KADILLA.

Il sont aussi charitables, aussi humains que les Musulmans ; ils se plaisent à imiter leur généreux chef.

SEID.

Nous pensons comme vous. Cependant...

KADILLA.

Ne craignez pas un refus. Si le brave Kléber est

l'ami de ses soldats, il est aussi celui du pauvre et le protecteur du peuple.

L'IMAN, avec contrainte.

Personne n'en doute.

KADILLA.

Permettez donc que je lui offre l'occasion de faire une bonne action de plus : cela lui fera plaisir.

SOLEYMAN, un peu troublé.

J'ai des motifs secrets pour ne pas me faire connaître. Je vous avoue même que l'existence de mon père dépend de mon silence.

SAMEA, attendrie, à sa grand'mère.

L'existence de son père !

ZISKA, priant Kadilla.

Ah ! bonne maîtresse, consentez...

SOLEYMAN, à Kadilla.

Donnez-moi le réduit le plus obscur, hors de l'enceinte destinée aux Français. (Avec un ton douloureux.) Je n'ai besoin que d'un morceau de pain et d'un peu d'eau, pendant que vous célébrerez cette fête.

KADILLA, touchée.

S'il en est ainsi, suivez-moi... Ziska, reconduis le respectable Iman.

ZISKA.

Oui, maîtresse.

KADILLA.

Tu reviendras ensuite me trouver... Toi, ma chère Samea, continue de tout préparer ici. (A Soleyman.) Venez, pauvre malheureux, venez.

Elle remonte l'escalier avec Soleyman. L'Iman et Seid s'éloignent. On devine le reste, Kléber arrive et est assassiné au milieu de la fête par Soleyman. Bataille pendant laquelle Seid se bat corps à corps. Les Turcs sont faits prisonniers. On aperçoit dans le fond Soleyman dont la main droite brûle dans les flammes d'un brasier ; enfin, dans l'endroit le plus apparent de la terrasse, on voit le perfide Iman avec le farouche Seid à genoux, attendant, sous le cimeterre levé, le coup de la mort.

V

Nouvelle gêne. — *L'estaminet de la rue Charlot.* — Encore Talma ! Il entre à l'Odéon. *Les Machabées.* — Confident de tragédie !

Ses succès chez Franconi ne devaient pas le satisfaire au point de l'empêcher de songer à mieux. Là, s'il ne fallait pas danser sur la corde, il fallait monter à cheval et se battre à outrance; le malheureux tomba de cheval, comme il était tombé du haut de la corde, et faute de mieux, il entra à l'Odéon. A quoi tient la gloire? Peut-être que si on ne l'eût pas fait danser sur la corde, Frédérick n'aurait jamais été à la tête du drame romantique, le premier et tout seul !

Dans quelles circonstances entra-t-il à l'Odéon ?

Un soir (il venait de quitter le Cirque Olympique), un soir, dis-je, qu'il songeait aux ronces du chemin qui mène à la gloire, il entra, comme par instinct, dans un estaminet de la rue Charlot. C'était un endroit très-fréquenté alors par les maîtres d'armes, les professeurs de bâton et de savate, les hommes de lettres et les vaudevillistes de l'époque, qui, dans ce temps-là, n'avaient ni barbe au menton, ni gants jaunes à la main, ni lorgnon suspendu à leur cou; cette société choisie était littéraire à outrance, comme toutes les sociétés d'élite. On parlait beaucoup théâtre dans ce lieu, et le nom des artistes à la mode s'échappait de temps à autre dans un nuage de tabac, au bruit sonore des bouchons à bière.

Sur les dix heures du soir, un homme vint à entrer. Tout le monde se leva et on cria : Vive Talma! Frédérick sentit combien c'était une extraordinaire puissance que cette gloire d'un comédien qui va droit à l'âme d'un maître d'armes, d'un professeur de bâton ou de savate, et d'un homme de lettres; le nom de Talma éveilla pour la seconde fois le génie qui sommeillait dans son âme.

Il alla droit à lui. Le roi de la tragédie reconnut le timide candidat de l'Odéon. Il le fit venir à ses côtés, et se mit à lui faire raconter ses diverses aventures aux Variétés-Amusantes, chez madame Rose, aux Funambules et au Cirque Olympique.

— Cher maître, termina Frédérick, dans tout ces petits théâtres, j'ai plus appris que vous ne sauriez le croire. Perdu dans la foule, sachant que je passais inaperçu, je me suis essayé sans crainte et j'ai découvert bien des secrets.

— Eh bien, dit Talma, il faut mettre immédiatement cette expérience à l'épreuve. Il ne sera pas dit que j'aurai voté à l'Odéon pour un jeune homme de talent et que Talma n'aura pas fini par avoir raison. Revenez demain.

Frédérick fut fidèle au rendez-vous.

Talma venait de signer pour lui un engagement de six mois, à 110 francs par mois!

Durant ces six mois il ne joua qu'un rôle, celui de Nephtali des *Machabées* d'Alexandre Guiraud, dont la première représentation eut lieu le 12 juin 1822.

Il avait peu de chose à dire, sans compter

que la pièce était faite sous une forme qui semblait ne lui devoir jamais convenir.

Voici en quoi consistait ce rôle, que nous donnons en entier.

ACTE QUATRIÈME.

SCÈNE PREMIÈRE.

ELCIAS.

Enfant, sèche tes larmes,
Nous, frères d'Éphraïm et ses compagnons d'armes,
Soyons dignes de lui ; mes frères, songez tous
Que les yeux d'Israël sont attachés sur nous,
Et que nous décidons, au nom de la patrie,
De sa fidélité, de son idolâtrie ;
Nés dans le même sein, n'ayant qu'un même vœu.

NEPHTALI.

Ne sommes-nous pas tous enfants d'un même Dieu ?
Et dans un autre sein eussions-nous pris naissance,
Des lois du Sinaï nous avons connaissance.

SCÈNE II.

SALOMÉ.

. . . .
Et de la même foi, donnez les mêmes preuves.

NEPHTALI.

Heureux nos guerriers morts au milieu des combats!

SCÈNE IV.

SALOMÉ.

Écoutez, mes enfants, ces paroles sacrées,
Ces promesses de Dieu par lui-même inspirées.

NEPHTALI.

Sa voix a retenti dans mon cœur éperdu!

Et c'est tout!
Cinq vers!
On jugera facilement si le génie du jeune Frédérick devait se trouver à l'étroit dans un tel personnage. Un autre supplice lui était réservé : il était destiné à jouer presque exclusivement les confidents de tragédie.

Confident de tragédie ! On peut être avaleur de sabre, disloqué, casseur de pierres, homme nain ou homme squelette ; on peut danser sur la corde, faire passer des muscades, jongler avec des poignards ou des bouteilles ; on tient un bureau de loterie, on joue de l'orgue enfin si l'on se sent absolument le besoin de vivre ; mais on n'est pas confident de tragédie !

Vous voyez Frédérick, n'est-ce pas, dans l'obligation d'endosser les manteaux étriqués des Arbate et des Nabal ? Méphistophélès et Don César qui vont écouter les longs récits de Mithridate ou d'Athalie, sans rire et sans se fâcher ! Ce sont là des épreuves auxquelles les tempéraments les plus robustes ne sauraient résister. Je suis convaincu qu'au milieu du froid des salles de palais, Frédérick regretta plus d'une fois les parades de madame Rose et les quatre pattes du lion de Thisbé, toujours est-il qu'un beau soir il quitta l'Odéon après avoir écrit à Talma le mot suivant :

Voici assez longtemps, cher et illustre maître, que je reçois les confidences des autres pour que je pense

enfin à m'épancher à mon tour : l'Odéon me pèse...
et je le lâche !

Le soir même il était parti, après avoir écrit en lettres de douze pieds sur les murs de sa loge un mot dont les échos du second théâtre Français rougissent encore.

VI

Il entre à l'Ambigu Comique. *Le Remords.* *L'Auberge des Adrets.* — Robert-Macaire. — Il crée ses types. — Ses appointements. Un condottiere littéraire. — Charles Maurice. — *Le Joueur d'Orgue.*—*Lisbeth ou la Fille du Laboureur.* *Les Aventuriers.* *Le Vol.* *Le Cocher de Fiacre.* *Les Ruines de la Granca.* *Cardillac.* — *La Nuit de Noces.* — *Le Corregidor.* — *Le Bigame.* — *Cartouche.* — On veut voir entrer Frédérick ! — Il n'a pas de spécialité. — Les grands hommes sont multiples. — Ses tyrannies. Le gaz est bien heureux ! — Un pari. — Jalousie de métier. — Floué !

Ce qu'il lui fallait c'était la création libre et la vie !

L'Ambigu fut le premier théâtre qui éleva Frédérick sur le pavois du mélodrame.

Il y débuta le 22 avril 1823, dans le rôle du traître du *Remords*.

Le 2 juillet 1823, il jouait *l'Auberge des Adrets*.

Vous avez tous lu la pièce, n'est-ce pas? vous connaissez tous le succès qu'il obtint dans cet horrible drame qui fut cependant le prologue de *Robert-Macaire?* Vous savez s'il fut aussitôt l'élu de la foule ; si on l'aima, si on l'admira, si on l'applaudit. Ses guenilles furent plus populaires que le vieil uniforme impérial. Il devint le héros de la populace et le dieu de la police.

Mal reçue d'abord, et sifflée à outrance, la pièce se releva, le lendemain, par un trait de hardiesse inouïe de l'acteur.

Aux répétitions, il avait déclaré plusieurs fois que le rôle de Robert-Macaire était absolument impossible, et que le public ne l'accepterait jamais tel que les auteurs l'avaient conçu. L'événement justifia cette prophétie.

Frédérick, désolé, cherchait, le lendemain, en se promenant sur le boulevard, un moyen de relever la pièce de sa chute, lorsqu'il aperçoit un personnage étrange, arrêté devant la boutique d'un marchand de galette. Il regarde cet individu, couvert des pieds à la tête de vêtements indescriptibles. Jadis, on le devine, ces vêtements ont eu un certain cachet d'élégance. Mais ils tombent en lambeaux. La misère et la débauche y attachent leurs souillures, sans que celui qui en est affublé semble rien perdre de son air audacieux et de la bonne opinion qu'il a de lui-même. Campé fièrement sur des bottes éculées et percées à jour, un feutre crasseux et déformé sur l'oreille, il rompt du bout des doigts un morceau de galette d'un sou, le porte à ses lèvres avec les délicates allures d'un petit-maître, et le mange en vrai gastronome. Sa collation faite, il tire de la poche de son habit une loque pendante, s'en essuie minutieusement les mains, époussette son costume immonde, puis continue sa promenade sur le boulevard.

— C'est là mon personnage, dit Frédérick, je le tiens !

Effectivement il venait de découvrir, en chair et en os, le type qu'il avait vaguement conçu, lors de la répétition de *l'Auberge*.

Robert-Macaire était trouvé !

Le soir même, au théâtre, le comédien se

montre avec un habit, un feutre et des bottes, absolument pareils aux bottes, à l'habit et au feutre de l'homme du boulevard. Il imite les manières de ce fashionnable en haillons, son calme grotesque, sa dignité sinistre; il décide son camarade Serres à une métamorphose analogue pour le rôle de Bertrand, et la pièce obtient un succès à tout rompre.

Dans sa carrière, nous verrons Frédérick décider plus d'une fois du succès d'une pièce. C'est lui, toujours lui qui a créé ses types, au lieu de développer ceux que lui indiquaient les auteurs; c'est ce qui le distinguera toujours des artistes d'analyse et d'étude.

Ses appointements furent élevés, dès ce jour, à un chiffre considérable. Tous les samedis, il s'amusait à se faire payer en pièce de cent sous par l'administration du théâtre. Chargeant ensuite sur ses épaules le sac énorme renfermant ses honoraires de la semaine, il traversait avec orgueil la foule qui l'attendait à la porte.

Il lui donnait gratis le spectacle de ses excentricités.

Tout en gagnant des sommes folles, notre comédien n'était pas d'humeur, comme beaucoup de ses confrères, à payer les bravos et la gloire.

Un journaliste, très-connu pour sa plume vénale, un de ces bandits napolitains de la presse, dont la race n'est malheureusement pas éteinte, Charles Maurice en un mot, entre chez Frédérick quelques semaines après son succès, et le prie de vouloir bien disposer en sa faveur de deux ou trois billets de banque.

Notre comédien refuse.

— Pourtant il s'agit de très-peu de chose, dit le *condottiere* littéraire : mille ou douze cents francs par an, qu'est-ce que cela pour vous? Grâce à cette modeste subvention, vous serez parfaitement traité dans mes colonnes.

— Monsieur, dit Frédérick, je ne veux pas être loué à prix d'or. Ce sont d'autres louanges qu'il me faut.

A ces mots, il pousse le vil écrivain par les épaules, et le met à la porte. Deux jours après, article dénigrant contre l'acteur. Celui-ci ne profère pas un mot de plainte. Il attend que le bandit reparaisse au théâtre, va d'un air tranquille à sa rencontre, salue, et lui administre, en plein foyer des artistes, la plus admirable paire de soufflets qui eût jamais retenti sur face humaine. Grand éclat. Le folliculaire tempête, et veut rendre outrage pour outrage. Or, l'acteur, doué d'une puissance de muscles peu commune, prend les deux mains de notre homme dans son poignet de fer, et dit à ses camarades, témoins de l'exécution.

— Demain, s'il le faut, je me battrai avec ce misérable; mais avant tout, je tiens à le traiter en votre présence comme un drôle.

Et de taloches en taloches, il le reconduisit jusqu'au foyer.

Frédérick demeura quatre ans à l'Ambigu, quatre ans durant lesquels il joua successivement : *le Joueur d'Orgue, Lisbeth ou la Fille du Laboureur, les Aventurières, le Vol, le Cocher de Fiacre, les Ruines de la Granca, Cardillac, la Nuit de Noces, le Corregidor, le Bigame, Cartouche*, etc.

Je ne compte pas *le Vieil Artiste* et le

Chasseur Noir qui seront l'objet d'un article spécial.

Nous voici déjà loin du Nephtali des *Machabées*. La création d'un rôle nouveau par Frédérick était devenue un événement qui remuait les plus froids en fait d'émotions dramatiques. Ce soir-là, les gens du monde et les artistes, les critiques et les poëtes, les duchesses vraies ou fausses, tout ce public des premières représentations à la fois ardent et blasé, enthousiaste et railleur, en garde contre toute surprise, qui a l'expérience de la scène comme un vieux comédien devenu régisseur, qui ne se laisse prendre à aucun effet banal, qui sait, sur la place des fauteuils, le percement des portes de la décoration et la nuance du costume des personnages, deviner la fin du drame dès le lever du rideau, remplit la salle avant que les musiciens aient pris place à leurs pupitres. Miracle que nul autre ne peut obtenir : les toilettes sont achevées à l'heure. Que les bandeaux rebelles laissent voir encore les ondes revêches des nattes dénouées à la hâte, que le chapeau penche un peu sur l'oreille ou sur le front, que la guirlande soit posée de travers et le bouquet mal attaché au corsage, que la pointe du châle ne tombe pas bien perpendiculairement, on part, et, dans la voiture on pousse avec une impatience nerveuse les doigts chargés de bagues dans les gants trop étroits. « Si nous allions manquer l'entrée de Frédérick ! » Telle est la préoccupation universelle, et nul ne s'en consolerait : les coquettes en oublient le soin de leur beauté ; elles savent bien, d'ailleurs, que l'acteur une fois en scène, nul regard ne se détournera de lui, et que les entr'actes seront consacrés à le rappeler, à l'applaudir et à lui faire des ovations.

Si Frédérick inspirait une vive curiosité au monde élégant et artiste, il n'agissait pas avec moins de force sur la portion inculte et rude du public : dès trois heures de l'après-midi, les anges en casquette et en bourgeron, qui ornent d'une collerette de faces peu séraphiques les cercles du paradis, s'étouffaient à la porte du théâtre : car Frédérick avait déjà cet immense pouvoir de parler à l'intelligence la plus haute, comme à l'instinct le plus brut.

4.

Une des conditions qui le firent ainsi grandir du premier coup, c'est que Frédérick n'avait pas de *spécialité*. Nous autres Français, nous sommes travaillés d'une maladie : *la spécialité*. Dès qu'un homme fait bien une chose, on le croit tout de suite incapable d'en faire une autre. Singulier raisonnement ! Cependant l'intelligence qui a servi pour acquérir un talent doit servir pour en acquérir un second ; on est capable ou non. Parquer le génie dans des compartiments est au moins une invention bizarre.

Tous les grands hommes étaient multiples : Léonard de Vinci, Michel-Ange, Raphaël, Dante, etc. étaient indifféremment architectes, peintres, sculpteurs, ingénieurs, poëtes, musiciens, théologiens. Un grand acteur doit savoir pleurer et rire, rendre toutes les faces de l'âme humaine, toutes les émotions de la vie : c'est là ce qui faisait la supériorité de Garrick ; c'est là ce qui fit celle de Frédérick Lemaître : il était terrible et bouffon, il vous effrayait comme il vous faisait rire ; il ne redoutait rien, pas même la trivialité, car il savait que tout à l'heure, il n'avait qu'à le vouloir pour être sublime ; c'est en jouant les rôles les plus opposés qu'il était parvenu à un admirable talent.

En admirant les demi-dieux de la scène, il est bon de connaître leurs petits travers et leurs faiblesses. Autrement, on leur dresserait des autels trop majestueux. Pris à dose raisonnable, l'encens ne les exalte plus, ils sont préservés de la fièvre d'orgueil.

Or un tel amour du public, et ratifié par tant de bravos divers, était plus qu'il n'en fallait pour griser Frédérick. Naturellement orgueilleux, il se crut bientôt l'élu du peuple et voulut devenir son tyran.

Avec ses sujets il pouvait tout se permettre sans craindre l'émeute.

Un soir, pendant un acte où il ne devait point paraître (on jouait *le Corrégidor*), il s'appuie, en causant avec un de ses camarades, contre cette partie des coulisses appelée le manteau d'Arlequin. Sous son coude un bouton de cuivre se rencontre.

— A quoi peut servir cette machine? fit-il en l'examinant.

— N'y touchez pas, monsieur Frédérick, crient les employés du théâtre. C'est le régulateur du théâtre !

— Bah !... Le gaz a donc un régulateur ?... Il est bien heureux le gaz !... Voyons cela !

Une idée folle lui traverse la cervelle : il tourne le bouton de cuivre. Aussitôt la salle entière est plongée dans les ténèbres, et deux mille personnes jettent un cri de surprise mêlé d'effroi. Mais on apprend que Frédérick est l'auteur du tour pendable. Dès lors la plaisanterie semble charmante, et, quand il rentre en scène, à l'acte suivant, on accueille ses burlesques excuses avec des rires joyeux et des bravos.

Une autre fois, c'est au milieu d'une représentation de *Cardillac* qu'il provoque un nouveau scandale. Il avait parié de donner une prise au souffleur au milieu d'une situation des plus pathétiques. Il gagna son pari, mais cette fois, durant quinze jours, le public lui tint rigueur, et Frédérick fut obligé, de s'incliner devant son peuple.

Il n'a jamais pu souffrir qu'un camarade recueillît à ses côtés la moindre salve de bravos. Je ne sais plus dans quel mélodrame on le voyait apporter entre ses bras le cadavre de son jeune frère. Toujours est-il que l'obscur acteur qui remplissait ce rôle s'identifiait si bien avec l'immobilité du dernier sommeil que le public, saisi d'étonnement, crut devoir, en conscience, couper en deux une des plus belles tirades du grand comédien, pour témoigner au petit frère mort la satisfaction que lui donnait son jeu.

— Voilà, dit Frédérick, un gaillard bien impertinent, de se faire applaudir jusque sur mes bras !

Il se penche, tout en débitant son rôle, et souffle dans les narines du mort ; celui-ci ne bouge pas. Cédant à un accès de désespoir, toujours motivé par le rôle, Frédérick arrache au défunt une poignée de cheveux : pas un geste. Alors le grand frère semble succomber à sa douleur, ouvre les bras, et laisse choir le cadavre, qui tombe avec héroïsme, les reins sur les planches, sans faire un mouvement. C'était superbe.

La salle trépigne, les bravos deviennent frénétiques, et l'illustre comédien sort furieux.

Passant la nuit à réfléchir, il trouve pour le lendemain des procédés moins cruels, mais plus infaillibles. En apportant son frère il lui chatouille avec beaucoup de délicatesse le dessous des bras et la plante des pieds. Le malheureux défunt n'y tient plus. Il ressuscite, part d'un éclat de rire, saute à terre, et se fait siffler. C'était là ce que demandait Frédérick ; les bravos des spectateurs furent désormais pour lui seul.

On en aurait long à dire sur ses excentricités qui, durant quarante ans, défrayèrent les conversations du boulevard du Temple. En triomphateur habile il savait s'exposer, mais savait aussi comment racheter ses fautes.

Si égoïste et si jaloux des applaudissements, il s'est un soir moqué de lui-même de la façon la plus spirituelle. C'était en 1847, à l'une des dernières reprises de *Robert-Macaire*.

Voyant qu'il n'était point rappelé à la fin de la pièce, il ordonne qu'on lève le rideau.

— Messieurs, dit-il, en s'adressant au public, je désirerais savoir si M. Auguste n'est pas ici ?

M. Auguste ne répond pas et les spectateurs se regardent avec surprise.

— Et M. Antoine ?

— Eh bien, messieurs, continue-t-il, je suis victime de l'indélicatesse du chef et du sous-chef de claque. Ce matin, je leur avais donné 40 francs pour me faire rappeler, et ils ne sont là ni l'un ni l'autre. Vous voyez, messieurs, je suis *floué !*

Et la salle d'éclater d'un rire homérique.

VII

Frédérick auteur dramatique. — Il est mélodramaturge. — *Le Vieil Artiste.* Il est vaudevilliste et poëte. *Le Prisonnier Amateur.* — Il est romantique. — *Le Chasseur Noir.* — *La Tabatière.* — Il sera aristophanesque.

Le théâtre de l'Ambigu ne fut pas seulement pour Frédérick la première scène ou il put faire valoir ses grandes qualités de comédien, il fut aussi le théâtre de ses débuts littéraires.

J'ai bien dit de ses débuts littéraires, car Frédéric a été auteur dramatique.

Le 25 avril 1826, trois ans après la première de *l'Auberge des Adrets*, on représentait à l'Ambigu, le *Vieil Artiste*, drame en trois actes et signé. C'était un assez bon mélodrame, de l'école de Ducange, ainsi que l'on pourra s'en rendre compte par ce court exposé de la pièce.

Pierre Burck, qui jouit de la réputation d'un peintre célèbre, a été arrêté pour avoir refusé de prêter son talent aux caprices d'un seigneur tout-puissant, accusé de vexations, perdu dans l'opinion, et qui voulait que les pinceaux de Burck le représentassent entouré des heureux qu'il avait faits, et accablé des bénédictions de ses vassaux. Burck, irrité d'une telle proposition, s'est vengé en peignant un tableau plein de vérité. L'orgueilleux seigneur y était représenté accablé des malédictions de ses subordonnés et succombant sous l'indignation publique. A peine exposé, le tableau fut enlevé et Burck enfermé dans la forteresse de Kinsmark, ou il languit depuis 5 ans.

C'est pendant ce temps que Caroline, sa fille, livrée à elle-même, a rencontré le comte Adolphe de Muldorf. Sans se faire connaître, il a rendu des soins à Caroline; bientôt, à l'aide d'un mariage supposé, elle s'est crue son épouse et un fils a été le fruit de cette liaison. Des nuages se sont élevés entre les deux amants : Caroline entretenait une correspondance secrète avec son père, qui lui écrivait sous le nom de Ludovic. Adolphe a pris de la jalousie. Caroline, ne pouvant se justifier sans trahir son père, s'est laissé accuser. Adolphe s'est éloigné, Caroline, au désespoir, a failli mourir, et dans un accès de douleur, elle a repoussé loin d'elle le fils d'Adolphe, elle a eu la coupable faiblesse de l'abandonner, crime qu'elle se reproche et qui fait son tourment.

L'enfant ainsi perdu a été recueilli, présenté à Burck, dont il charme, par sa gentillesse, la captivité. Caroline obtient une permission pour venir voir son père, et la vue de cet enfant, jointe à d'autres circonstances, amène un aveu. Burck est instruit de tout, lorsque le hasard amène à la forteresse un officier général chargé de l'inspection. Cet officier n'est autre qu'Adolphe ; il retrouve Caroline et apprend de Burck lui-même que Ludovic n'est autre que le père de Caroline ; mais son frère, qui a été instruit de la séduction d'Adolphe, vient lui en demander raison. Le grade d'Adolphe ne peut retenir sa colère, son sabre est levé ; il est arrêté sur-le-champ, condamné à mort. Il va périr lorsque l'arrivée du roi amène une grâce désirée de tous, scelle le bonheur des nouveaux époux, et rend la liberté au vieil artiste.

Frédérick s'était réservé le rôle de Burck, Mlle Hallignier remplissait celui de Caroline. La pièce eut un certain succès et de vogue et d'estime, au point que le directeur crut devoir lui commander immédiatement un lever de rideau.

Frédérick se mit aussitôt à l'œuvre, non sans se rendre compte de la difficulté qu'il allait avoir à traiter un sujet badin, lui l'homme du drame sombre. Une chose l'épouvanta encore. C'était la facture du couplet. Lui, faire des vers ! Pourquoi pas ? Cette fois, il ne voulut pas entendre parler de collaboration et tenta de s'en rapporter à ses propres forces. Elles ne le trahirent pas. *Le Prisonnier Amateur* est un amusant vaudeville qui eut 60 représentations, chiffre énorme pour l'époque.

Nos lecteurs ne seront pas fâchés d'avoir un échantillon des poésies de Frédéric. Nous dirons donc quelques mots de cette pièce dont la première représentation eut lieu à l'Ambigu, le 15 juin 1826.

Nous avons sous les yeux la pièce imprimée, aujourd'hui fort rare.

En voici la distribution :

	MM
DUBUISSON, jeune et riche provincial....................	Dubourjal.
Alfred DE BELCOURT, avocat...	Chéri.
Cécile BELMONT, jeune veuve..	Mme Isannaz.
SAINT-ERNEST, peintre........	Jolly.
GUSTAVE, poëte......	Gilbert.
DE L'ÉCROU, concierge........	Baron.
Mme DE L'ÉCROU.............	Mme Palmyre.
GASPARD, porte-clefs..........	Chol.

La scène se passe à Sainte-Pélagie.

On lit au bas du titre de départ :

Vu au ministère de l'intérieur, conformément à la décision de S. Exc., en date de ce jour.

Paris, le 8 mars 1826.

Par ordre de Son Excellence,

Le chef du bureau des théâtres,

Coupart.

Le théâtre représente un salon assez richement décoré. L'élégance des meubles contraste avec les barreaux qui annoncent que l'on est dans une prison.

Cécile Delmont, jeune veuve, est sur le point d'épouser M. Alfred de Belcourt, avocat, un jeune homme charmant, qui doit aller loin dans la carrière diplomatique, puisqu'il a déjà fait son droit et deux vaudevilles aux Variétés.

Mais Alfred est un jeune écervelé, et si Cécile ne lui est pas indifférente, les danseuses ont encore pour lui un attrait dangereux.

Aussi, afin de prévenir une traîtrise, Cécile a-t-elle chargé une personne de confiance de se rendre maîtresse de certaine lettre de change grâce à laquelle elle l'a fait mettre en prison, sous le nom de son frère. De cette façon elle pourra venir l'étudier, se rendre compte si son amant n'a été qu'égaré ou si elle doit *le fuir pour toujours*. C'est ce qu'elle fait en pénétrant à Sainte-Pélagie, sous les habits d'un homme, grâce à la complaisance de Mme de L'Écrou, la concierge, *une tendre amie de son enfance*. Cécile est évidemment obligée, aux yeux de M. de l'Ecrou, qui n'est pas dans la confidence, de se faire passer pour un nouveau prisonnier. C'est ainsi qu'elle arrive dans *le salon de la pistole*, où elle se trouve en compagnie de joyeux fous parmi lesquels son Alfred et M. Dubuisson, *le prisonnier amateur*, celui auquel le père de Cécile la destinait précisément.

M. Dubuisson, provincial désireux de connaître à fond son monde parisien, est venu à Paris achever son éducation. Quoique très-riche, il a fait des dettes pour se mettre à la mode et s'est fait arrêter par M. de l'Écrou lui-même, auquel il paye largement cette complaisance, afin de devenir tout à coup un jeune homme comme il faut.

— Il faut tout voir, s'écrie-t-il dans un accès de lyrisme, et si vous étiez observateur ! Ah ! j'ai un drôle de caractère.

AIR *de Ketly*.

Aimant la gaîté,
Détestant la mélancolie.
Toujours excité
Par le plaisir et la beauté,
Enrégimenté

Sous les drapeaux de la folie,
  Fidele à sa loi, moi,
Je suis heureux comme un roi.
  Aussi du bonheur
J'ai trouvé la source féconde.
  J'ai bien, par malheur,
Le caractère un peu railleur.
  En observatêur
Souvent je visite le monde;
  Et j'ai, sur ma foi,
En tous lieux fait parler de moi.

  Volage, inconstant,
Cédant à mon moindre caprice,
  Vif, extravagant,
Mais toujours sage cependant.
  Vivre indépendant,
Pour moi, c'est vraiment un délice,
  Déjà dans Paris
J'en ai, je crois, beaucoup appris.
  Pour apprécier
Le noble, l'élégant du monde;
  Pour étudier
Et l'artiste et le roturier;
  Pour m'initier
Et chez la brune et chez la blonde,
  J'ai su, tour à tour,
Jouer, boire, faire l'amour.

  Bravant leur courroux
J'ai subjugué plus d'une belle,

Narguant les jaloux,
J'ai fait sauter grilles, verroux.
Pour moi, voyez-vous,
Plaire n'est qu'une bagatelle;
Partout je séduis;
Quand j'entreprends, je réussis.
Franc, original,
Très-souvent un rien m'intéresse;
J'admire, au total,
Tout autant le bien que le mal.
Joyeux, libéral,
Ma liberté, c'est ma maîtresse;
Je suis, voyez-vous...

ALFRED, *l'interrompant.*

Assez, mon cher... épargnez-nous.

DUBUISSON, *continuant.*

Bref, pour arriver
A contenter ma fantaisie,
Pour mieux observer,
Pour achever
De m'élever;
Pour me préserver
De vivre jamais sans folie,
Je viens en prison
Pour me conformer au bon ton.

Alfred a bientôt reconnu Cécile Belmont, aux genoux de laquelle il se jette. Mais voici l'heure de rentrer. M. de l'Écrou veut faire coucher le nouveau venu dans la chambre de Dubuisson. Alfred, emporté par la jalousie, cherche querelle au prisonnier amateur qui, afin de pouvoir vider la question sur le terrain, consent non-seulement à payer ses dettes, mais encore celles de son adversaire et de ses camarades. On le prend au mot, il paye et sort... pour assister au mariage d'Alfred et de sa future.

La pièce est amusante et bien menée. Outre le rondeau que nous avons cité, il y a des couplets de facture assez joliment tournés.

Témoin celui-ci, par exemple, adressé par Cécile à Alfred.

AIR : *Elle fut heureuse au village.*

> Les mauvais sujets, entre nous,
> Pour plaire ont un bonheur étrange ;
> Mais s'ils font bien les billets doux,
> Ils signent des lettres de change.
> Las de nous captiver, dit-on,
> Les vainqueurs, cachant leurs bannières,
> Se font enfin mettre en prison,
> Pour faire moins de prisonnières.

La troisième pièce de Frédérick, qui fut représentée à la Porte-Saint-Martin le 30 janvier 1828 (ce fut une des conditions qu'il imposa à son directeur quand il signa pour jouer *Trente Ans ou la Vie d'un joueur*) est *le Chasseur Noir*, mélodrame en trois actes et signé : MM. Benjamin et Théodore N.

La pièce parut quelques jours après chez Bezou, de proverbiale mémoire, qui publia les pièces de M. Scribe, *dont il était le seul éditeur, et qui ne pouvaient jamais faire partie des in 32 publiés sous le titre de Répertoire du théâtre de Madame.*

Voici quelle fut la distribution :

LE CHASSEUR NOIR............	Ménier.
GUITLY, jeune fille suisse......	Mme Dorval.
Mme WERNER, sa mère, infirme et aveugle...................	Mme Saint-Amand.
ISELIN, jeune chevrier, orphelin, un peu simple...............	Hippolyte.
ULRIC, WORMS, agents norwégiens.. FRITZ,	Frédérick-Lemaitre. Jemma. Vissot.
HERMANN, vieillard, homme de confiance du Chasseur.........	Dugy.
UN BOURGMESTRE............	Chevalier.

Soldats, Domestiques, Montagnards.

La scène est dans le canton de Bâle.

C'est un drame sombre et noir, à la façon des ballades allemandes, et dans lequel Frédérick avait consenti à ne jouer qu'un troisième rôle.

Il y a dans *le Chasseur Noir* des horreurs à faire pâlir Anne Radcliffe elle-même. Qu'il vous suffise de savoir qu'il s'agit d'un chasseur toujours embossé dans un manteau noir, toujours couvert d'un masque, qui arrive à épouser une jeune paysane suisse, dont il est amoureux, sans lui montrer son visage. Guitly a consenti à cette union bizarre, parce qu'elle sait l'inconnu riche et bon, et que, par conséquent, sa pauvre mère aura ses derniers jours assurés. Ulric le traître, a cependant juré de voir la physionomie de celui qui se dérobe ainsi à tous les yeux. Une nuit, précisément celle de ses noces, il pénètre chez le Chasseur Noir et, d'un coup de poignard, coupe les cordons du masque.

— Ils te verront tous! s'écrie-t-il; ce sera ma vengeance! Regardez!

Tout le monde pousse un cri d'horreur, en voyant sous le masque :

La tête d'un squelette!

Citons enfin pour mémoire *la Tabatière*, une comédie en trois actes qui ne fut jamais représentée et qu'il fit imprimer en 1872.

Elle est d'ailleurs mauvaise et ne mérite pas qu'on s'y arrête.

Frédérick avait débuté par le mélodrame classique. En passant par le vaudeville il arrive au drame imité de l'allemand, et qui frise singulièrement son romantisme. Quand nous aurons analysé son œuvre principale, *Robert-Macaire*, œuvre immense, satire sanglante de toute une époque, nous serons bien étonné de voir qu'il a touché trois fois avec bonheur et une autre avec génie aux quatre cordes essentielles de l'art dramatique.

VIII

Il entre à la Porte-Saint-Martin.— *Trente Ans ou la Vie d'un joueur*. — Regnard et Ducange. — *La Fiancée de Lamermoor*. — Amour-propre d'artiste. Chacun pour soi. — *Faust*. — *L'Écrivain public*. — *Les Deux Philibert*. — *Rochester*. — *Sept Heures*. — *Marino Faliero*. — Casimir Delavigne. — Ligier. Lettre à Charles Maurice. — Procès. — Il double Ligier. — Laferrière. — Le public lui suffit.

Frédérick, n'ayant pu résister aux superbes propositions qui lui étaient faites par la Porte-Saint-Martin, quitta l'Ambigu en 1827 et débuta quelques mois après dans *Trente Ans ou la Vie d'un joueur*, de Victor Ducange.

Ce drame, qui venait après la comédie de Régnard, *le Joueur*, devait causer un profond étonnement.

On se demandait comment l'auteur du mélodrame, avec le même sujet et le même héros que l'auteur de la comédie, arriverait à une atroce et inévitable conclusion. Par quelle subite hardiesse Victor Ducange avait-il couvert de tant de haillons et de tant de crimes l'élégant gentilhomme de Régnard, brave à l'épée, beau joueur, homme d'esprit, amant sensible, et qui empruntait avec tant de grâces à madame la Ressource sur les diamants et le portrait de la belle Angélique?

Ducange, Frédérick et madame Dorval résolurent le problème.

Après *Trente Ans*, il joua *l'Écrivain public*, puis Edgard de *la Fiancée de Lamermoor*. On se souvient comme il était courbé sous la fatalité et sous l'amour du rêve de Ravenswood!

Jamais peut-être Frédérick et madame Dorval ne s'étaient si bien complétés que ce soir-là; c'est pourtant de ce jour que naquit leur première querelle.

Le public distribuait entre eux ses applaudissements, et l'amour-propre ne s'arrangeait pas du partage. Un jour, à la septième représentation, Frédérick apostrophe le directeur d'un air furibond.

— Votre horrible claque me fend les oreilles.

s'écrie-t-il. J'entends que vous m'en débarrassiez au plus vite, ou sinon...

Comme il allait poser son ultimatum, Dorval arrive à son tour.

— Est-ce que vous êtes fou? dit-elle au directeur. A quoi servent ces imbéciles, avec leurs battoirs? Chassez-moi tout cela du parterre, et laissez le véritable public à ses impressions. Si vos Romains ne disparaissent pas, je ne joue plus.

— Ni moi, dit Frédérick.

— Allons, soit, la claque est dissoute, fit le directeur.

Or, le lendemain, le véritable public, livré à ses impressions, n'applaudit personne.

— Il est évident, se dit notre comédien, que les individus qui m'admirent craignent d'être pris pour des claqueurs en manifestant leur enthousiasme. Nous allons y mettre bon ordre.

En effet, à la représentation la plus prochaine, des bravos éclatent, et s'adressent à Frédérick seul.

— Voilà des gens qui ont bien mauvais goût! pense Dorval; cela ne peut durer.

Le jour suivant, elle est applaudie à son tour, et bientôt, chose extraordinaire ! le public bat des mains à tout propos ; il fait indistinctement des ovations à n'importe quel artiste jouant dans la pièce. Les figurants eux-mêmes ont leur part dans ce triomphe universel.

— Qu'est-ce à dire ? s'écrient Mme Dorval et Frédérick, retournant ensemble chez le directeur. N'aviez-vous pas affirmé qu'il n'y aurait plus de claque ?

Celui-ci hausse les épaules et répond :

— C'est vrai, mais depuis ce jour il y en a trois : celle de M. Frédérick-Lemaître, celle de Mme Dorval et celle des autres artistes.

Leur mutuelle colère fut heureusement assez longue à aboutir pour que l'art ne fût pas privé de suite de cet admirable duo. Mais ni l'un ni l'autre ne l'oublièrent, et il vint un temps où ces deux talents qui s'étaient produits et révélés en même temps, le même jour, l'un par l'autre, qui avaient trouvé leur tragédie et dressé leur théâtre, durent se séparer.

Que voulez-vous ? l'orgueil, la vanité, le caprice ! Ils étaient deux comédiens, au bout du compte, ils ont voulu savoir ce qu'ils valaient positivement, l'un sans l'autre ; ils se sont imaginé qu'ils seraient plus complétement en possession de la faveur publique, aussitôt qu'ils iraient chacun de son côté. « Chacun pour soi » dans les arts et dans la politique est un conseil funeste, une parole mauvaise : on n'est pas seul à réussir, surtout au théâtre ; il y faut le concours de tout le monde, et, tant pis pour qui voudra seul réussir, la tâche est horrible, abominable. Elle devait pousser Mme Dorval à jouer la *Phèdre* de Pradon !

Dans le drame de *Faust*, son génie se développa encore dans des proportions nouvelles.

Quinze jours entiers, par tous les expédients que la mimique lui suggère, il cherche à rendre ce rire infernal de Méphistophélès, indiqué par Gœthe, mais sans pouvoir réussir. Il se décide alors à y substituer une grimace diabolique, se pose devant son miroir, s'exalte de plus en plus dans l'étude de son rôle, et parvient à obtenir un jeu de muscles qui donne à sa figure une épouvantable et sinistre expression. Le rire de Méphistophélès une fois trouvé, Frédérick tient à juger de l'effet qu'il produira. Du miroir, il passe à sa fenêtre en conservant la même expression de visage. Aussitôt les individus qui l'aperçoivent donnent des signes d'épouvante. Une femme lève la tête et s'évanouit.

— Bien ! dit l'artiste, ma grimace n'est pas trop mauvaise.

A *Faust*, en passant par *l'Écrivain public* (mai 1828) succédèrent la reprise des *Deux Philibert* (décembre 1828), où il remplit le rôle du mauvais sujet, *Rochester* (janvier 1829) et *Sept Heures* (mars 1829).

Après *Sept Heures*, parut enfin le fameux *Marino Faliero* (juin 1829) de Casimir Delavigne.

Ce fut un événement littéraire que l'apparition de ce drame, qui devait être un des plus évidents compromis entre l'art classique et le drame romantique. On se souvient des discussions qui s'élevèrent sur la *couleur* du poëte. Chacun le revendiqua et tous le fêtèrent. Les gazettes entrèrent aussitôt dans des discussions à perte de vue, on publia des brochures, on fit des livres et l'on ne prouva rien.

Casimir Delavigne a cela de particulier, entre les gloires poétiques de son âge avec lesquelles on l'a souvent comparé, qu'il reçut docilement la tradition des maîtres d'alors, et qu'il n'eut jamais l'idée ni la velléité de s'y soustraire. Il pressentait toutes les ressources que son talent pouvait tirer, et qu'il en serait le rejeton le plus fertile, le plus brillant. Modeste et parfois timide d'apparence, on aurait tort pourtant de croire qu'il manquât de fermeté. Il y a plus de force qu'il ne semble dans cette tenue constante de caractère, de méthode et d'école, au milieu d'une époque si diversement agitée. Il céda quelquefois sur des points de détails, quand il le crut nécessaire et raisonnable; il ne se laissa jamais tenter ni entraîner aux séductions croissantes, ni au souffle impétueux. De quelque côté qu'on se place pour le juger, je le répète, il y a de la force dans cette réserve.

Cependant, en 1828, un temps d'arrêt se présente : il se trouve en face de générations plus inquiètes, plus enhardies, qui se mettent à contester et qui réclament dans les conceptions dramatiques, et même dans le style, certaines conditions nouvelles, plus historiques, plus naturelles, enfin des conditions un peu différentes de celles qui, la veille encore, suffisaient. Casimir Delavigne vit le danger pour lui et y para. Si, dans cette seconde phase de son talent, il lui fallut défendre pied à pied sa position acquise, transiger même par instants, on doit convenir qu'il le fit avec beaucoup d'habileté et d'à-propos. Je ne sais si sa domination à la longue ne s'en affaiblit pas quelque peu au centre; il ne perdit rien du moins sur ses frontières. *Marino Faliero*, *Louis XI*, surtout *les Enfants d'Édouard*, ne sauraient être considérés que comme des victoires; les généraux habiles savent en remporter même dans les retraites.

Casimir Delavigne n'avait pas la tournure de caractère propre à lutter ainsi contre un public qui l'avait tout d'abord favorisé. Sa persévérance si remarquable et sa force réelle consistaient plutôt à suivre sa ligne, en tenant compte habilement des obstacles, et même à s'en faire au besoin des points d'appui, des occasions de diversité. Aussi ne croyait-il pas tant céder que concilier. Byron, Walter Scott, Shakespeare, il ne s'inspirait d'eux tous que dans sa mesure, lorsque dans ce système moyen, si bien mis en œuvre par lui et qu'il faisait chaque fois applaudir, il avait conscience de sa résistance aux endroits qu'il estimait essentiels. Pourquoi ne pas tout dire, ne pas rappeler ce que chacun sait? Bienveillant par nature, exempt de toute envie, il ne put jamais admettre ce qu'il considérait comme des infractions extrêmes à ce point de vue primitif auquel lui-même n'était plus que médiocrement fidèle; il croyait surtout que l'ancienne langue, celle de Racine, par exemple, suffit; il reconnaissait pourtant qu'on lui avait rendu service en faisant accepter au théâtre certaines libertés de style, qu'il se fut moins permises auparavant, et dont la trace se retrouve évidente chez lui à dater de son *Louis XI*.

On sait ce qu'il advint ensuite. La révolution de 1830 portait au pouvoir tous les amis de Casimir Delavigne, elle semblait du même coup devoir porter avec elle son poëte bien-aimé, son chantre favori, celui dont elle avait redit les refrains au premier jour du triomphe. Il n'en fut rien. Casimir Delavigne resta et voulut rester homme de lettres : il avait compris qu'une révolution dramatique était imminente, il voulait être, lui aussi, là où il y avait péril, là où peut-être il jugeait, à son point de vue, qu'il y avait émeute. Il y fut de sa personne, constamment, et durant huit ou dix années ses œuvres ne furent jamais plus nombreuses, plus réitérées, plus faites pour attester sa présence. Après *Marino*, on a *Louis XI, les Enfants d'Édouard, Don Juan d'Autriche, Une Famille au temps de Luther*, la *Popularité*, la *Fille du Cid*.

Je vous laisse à penser quelle fut la joie de Frédérick quand il apprit que c'était à lui qu'était réservé l'honneur de créer *Marino Faliero*. Il obtient de l'auteur communication du manuscrit avant la lecture. Il le lit, le relit, l'étudie pendant un mois. Les répétitions commencent; à la dixième on l'applaudit, à la vingtième on lui annonce que son rôle vient de lui être retiré au bénéfice de Ligier.

Ce fut comme un coup de foudre pour Frédérick. Il demanda immédiatement une explication qu'on lui refusa. Comme il revenait à la charge, on chercha une excuse et l'on prétendit que le bruit ayant couru qu'il allait prendre la direction de l'Ambigu-Comique, on avait supposé plus prudent de confier le rôle à un artiste « plus stable. »

Ce n'était évidemment là qu'un prétexte. Que s'était-il passé ?

C'est un mystère sur lequel le jour ne s'est point fait encore. Casimir Delavigne professait la plus grande estime pour le talent de Frédérick. Il résulterait même d'une correspondance échangée entre eux que nombre de ses rôles auraient été écrits pour lui. Mais Casimir Delavigne était lié d'un autre côté avec Ligier par des histoires intimes, de là ce retrait subit.

Le 23 mai 1829, Frédérick faisait insérer la lettre suivante dans *le Courrier des spectacles :*

A M. Charles Maurice, directeur du *Courrier des théâtres.*

Monsieur le Directeur, sous peu de jours, une tragédie nouvelle de M. Casimir Delavigne sera représentée sur le théâtre de la Porte Saint-Martin ; je devais y jouer le principal rôle, je n'aurai pas cet honneur. Mais comme il circule différents bruits qui pourraient donner une triste idée de mon caractère, et faire supposer que je suis étranger aux sentiments qui doivent animer un artiste ambitieux, avant tout, du suffrage du public, je les détruirai par le récit succinct des faits suivants.

Le rôle de Marino Faliero me fut confié. Je l'appris. Après me l'avoir fait répéter plus de vingt fois, je me le suis vu ôter ou plutôt arracher des mains en pleine répétition, devant cinquante témoins, sans aucune raison valable et au mépris des engagements écrits. J'ai instamment demandé ce rôle à plusieurs reprises. Las de refus illégaux, j'ai fait adresser une sommation judiciaire à la direction du théâtre de la Porte-Saint-Martin.

Les tribunaux prononceront.

Agréez, etc.

FRÉDÉRICK-LEMAITRE.
Comédien attaché à la Porte-Saint-Martin.

Le 2 juin, l'affaire fut appelée au tribunal de commerce. Frédérick se plaignait par l'organe de Me Auger qu'on lui eut retiré le rôle de *Marino Faliero* qui devait primitivement lui être donné, et qu'il avait même répété plusieurs fois. Il concluait à 12,000 francs de dommages et intérêts.

M. Chénier, agent de la direction, fit valoir en faveur de son client les circonstances résultant de la nomination de M. Lemaître à la direction de l'Ambigu-Comique. Ces circonstances sont telles qu'elles eussent pu suspendre la représentation d'une pièce dispendieuse dont l'interruption eût été pour l'administration une perte irréparable.

Le tribunal rendit l'arrêt suivant :

Attendu qu'aux termes de l'engagement qui est la loi commune des parties, l'administration s'est réservé la faculté de distribuer les rôles à sa convenance et à qui elle juge à propos de les confier; attendu que ce droit appartient à l'administration exclusivement et que le demandeur n'a point celui d'exiger qu'un rôle quelconque lui soit donné de préférence à tout autre; attendu qu'en lui retirant le rôle de Faliero, l'administration n'a fait que ce qu'elle avait le droit de faire aux termes de l'engagement. La Cour déclare le sieur Frédérick-Lemaître non-recevable dans sa demande et le condamne aux dépens.

La direction de la Porte-Saint-Martin ne

craignit pas cependant, trois mois après (29 septembre 1829), d'offrir à Frédérick de doubler le rôle de Ligier. Tout autre artiste aurait refusé. Frédérick y vit l'occasion de lutter avec le tragédien à la mode. Il accepta le défi qu'on lui portait et joua *Marino Faliero*.

Une des grandes préoccupations de Frédérick, lors de cette reprise, fut d'avoir un bon Fernando.

Il songea immédiatement à Laferrière, qu'il présenta à Casimir Delavigne.

Casimir Delavigne l'examina longtemps.

— Monsieur, lui dit en souriant Laferrière, vous vous rappelez m'avoir déjà vu : c'était au *grand théâtre de Vernon*, en Normandie.

Casimir Delavigne se souvint!

A la répétition, M. Crosnier, le directeur, offrit un engagement de trois années au débutant, au prix de cent louis par an.

Dans cette circonstance le protecteur naturel de la Laferrière étant Frédérick, le premier ne voulut pas répondre avant d'avoir consulté le second.

— Après le premier acte, dit Frédérick, c'est

trop tôt. Attendez la fin de la pièce, et, dans tous les cas ne demandez pas moins de 3,000 fr.

La pièce terminée, Frédérick revint trouver Laferrière.

— Ce n'est plus 3,000 francs qu'il faut demander maintenant, dit-il, c'est 3,600 francs et 10 francs de feux par pièce.

Le succès obtenu par Frédérick fut immense.

Ligier lui-même ne put s'empêcher de le venir féliciter.

— Je vous remercie de votre démarche, monsieur Ligier, lui répondit Frédérick, mais le public m'avait suffi.

IX

entre à l'Ambigu. — *Les Voleurs et les Comédiens.* — *Peblo.* — Frédérick et Mme Dorval. — Ses débuts à l'Odéon. — *Les Vêpres Siciliennes.* — *Othello.* — *Manlius.* — *Iphigénie en Tauride.* Nobles et bourgeois. *La Mère et la Fille.* *L'Abbesse des Ursulines ou la mort d'Urbain Grandier.* — *Napoléon Bonaparte.* Mlle Georges. — L'empereur partout. — Les défroques de l'empire. — *Hamlet.* — *Médicis et Machiavel.* *Le Moine.* — *La Maréchale d'Ancre.* Alfred de Vigny. — *Mirabeau.*

Quand il eut prouvé à ses admirateurs qu'il n'avait rien à craindre de son rival, il résilia à la Porte-Saint-Martin et entra à l'Ambigu, où il débuta le 6 juin 1830 dans *les Voleurs et les Comédiens*. La pièce eut un maigre succès, malgré les efforts de son principal interprète. Le rôle de femme avait été si faiblement tenu que la direction se décida à engager Mme Dorval, avec laquelle il était ainsi destiné à se rencontrer encore. Ils reparurent ensemble, le 4 mai 1830, dans *Peblo, ou le Jardinier de Valence*. Jamais leurs deux talents ne se complétèrent aussi bien que dans cette pièce ; ils se complétaient en se grandissant et en se rapprochant. Frédérick était l'homme qu'il fallait pour faire pleurer cette femme ; mais aussi comme elle savait l'attendrir quand sa fureur était passée ! quels accents elle lui arrachait ! Qui ne les a pas vus ensemble dans *le Joueur*, dans *Peblo*, n'a rien vu ; il n'a connu ni tout Frédérick, ni toute Mme Dorval ! Depuis le jour de la mort de sa camarade, Frédérick n'a cessé de répéter : — Je me sens veuf !

Mme Dorval avait encore prospéré. Son talent était tout passionné, non qu'elle négligeât l'art, mais l'art lui venait de l'inspiration ; elle ne calculait pas son jeu geste par geste, et ne dessinait pas ses entrées et ses sorties avec de la craie sur la planche ; elle se mettait dans la situation du personnage, elle l'épousait complétement, elle devenait lui, et agissait comme il

6.

aurait agi ! De la phrase la plus simple, d'une interjection, d'un *oh !* d'un *mon Dieu !* elle faisait jaillir des effets électriques, inattendus, que l'auteur n'avait pas même soupçonnés. Elle avait des cris d'une vérité poignante, des sanglots à briser la poitrine, des intonations si naturelles, des larmes si sincères, que le théâtre était oublié et qu'on ne pouvait croire à une douleur de convention.

Frédérick ne fit qu'une courte station à l'Ambigu. Son dernier succès lui valut de l'Odéon des propositions superbes qu'il accepta. Le 12 août 1830, Harel, le fameux Harel, le légendaire Harel, le fit débuter dans le rôle de Procida des *Vêpres Siciliennes*. Il devait se retrouver à l'Odéon avec Ligier, comme naguère à l'Ambigu avec Mme Dorval.

Deux mois après il joua l'*Othello* de Ducis, le risible *Othello* de Ducis. Frédérick fit bon marché de l'inspiration du traducteur et le joua plus comme il le sentait que comme il avait été traduit, heureusement pour tous. Il n'était pas au bout de ses peines. Après *Othello* vint *Manlius* (avril 1830), après *Manlius*, *Iphigénie en*

Tauride (septembre 1830), puis *Nobles et Bourgeois* (septembre 1830), *la Mère et la Fille* (octobre 1830), *l'Abbesse des Ursulines, ou la mort d'Urbain Grandier* et enfin *Napoléon Bonaparte*, d'Alexandre Dumas.

On sait comment fut faite la pièce : en huit jours. L'œuvre achevée, il restait à trouver un sujet pour représenter le grand homme.

Alexandre Dumas avait bien pensé à Frédérick mais rien ne ressemblait moins à Napoléon et surtout à Bonaparte.

— Mon cher Dumas, lui dit Georges, rappelez-vous ceci, c'est qu'un homme comme Frédérick sait tout jouer.

La raison parut bonne à l'auteur, qui s'y rendit.

Frédérick était impatient de s'essayer dans ce nouveau rôle, mais la pièce devait être reculée de jour en jour.

Harel avait caressé la marotte de Mlle Georges, dont le plus ardent désir était d'être un jour au Théâtre-Français directrice de ceux qui furent ses premiers camarades. Elle ne leur avait pas pardonné les torts qu'elle avait eus envers eux, en commençant par sa fuite à Saint-Pétersbourg, au moment ou elle venait d'établir un rôle dans une pièce à recettes (*Artaxerce*), et au mépris de l'engagement le plus formel. Pour *punir* la Comédie-Française du mal qu'elle lui avait fait, Mlle Georges, ne cessait de nourrir contre elle une implacable haine, et pour la satisfaire elle poussait Harel à en prendre la direction. Celui-ci fit mille tentatives pour obtenir, séparément de chaque sociétaire, un traité qui mît ce dernier à sa disposition, en cas de dissolution de la société.

Et pendant ce temps *Napoléon*, qu'il espérait monter rue Richelieu, attendait toujours.

Enfin la première représentation eut lieu le 11 janvier 1831. Ce fut un succès fou. On était alors en pleine fièvre, en pleine démence. Chacun à cette époque avait son cri d'alarme et son cri de guerre. Ceux qui n'invoquaient pas Robespierre ou Danton, invoquaient l'empire et l'empereur. Déjà Bonaparte était partout, et l'on pouvait se demander qui donc régnait, de Bonaparte ou de Louis-Philippe? On mettait au concours la statue à replacer sur les hauteurs de la Colonne ; on faisait toutes sortes de comédies à sa louange. Que disons-nous? à son apothéose. Chaque théâtre avait déjà son Bonaparte.

A l'Odéon :

Napoléon Bonaparte.

A la Gaieté :

La Malmaison et Sainte-Hélène!

A l'Ambigu :

Napoléon!!

A la Porte-Saint-Martin :

Napoléon!!!

Au Cirque Olympique.

l'Empereur!!!

On ne voyait donc que des Empereurs sur la scène. Quel est le comédien de l'époque qui ne l'a pas été?

Chevalier le fut aux Jeux Gymniques; Cazot,

aux Variétés ; Genot, à l'Opéra-Comique; Gobert, à la Porte-Saint-Martin ; Béranger, au Vaudeville ; Joseph, à la Gaieté ; Francisque, à l'Ambigu ; Edmond, chez Franconi ; Isidor, chez M. Comte ; Virginie Déjazet, aux Nouveautés et au Palais-Royal. Notez que je ne vous parle pas des empereurs de Belleville, de Montmartre, du Mont-Parnasse, ni de ceux des arrondissements de Sceaux et de Saint-Denis.

Dans cette recrudescence de napoléonisme, on allait jusqu'à négliger l'emploi des Trial, des Brunet, des Potier ; on demandait aux correspondants des théâtres, des figures graves, des fronts découverts. Gobert marchait sur le boulevard les deux mains dans le dos ; lorsque Francisque vous disait bonjour, sa parole était brève et saccadée ; Frédérick-Lemaître se passait gravement la main sur le front..; Edmond ne prenait plus de tabac que dans la poche de son gilet, qu'il avait fait doubler en cuir..; Cazot même... ce bon Cazot, tirait quelquefois l'oreille du costumier comme Napoléon faisait quand il était satisfait d'un de ses généraux !

Trois mois durant, Harel s'était attaché à la

mise en scène pour laquelle il avait acheté les anciens uniformes de l'empire qu'il avait pu rencontrer chez les brocanteurs, et les nouveaux généraux de cette grande armée s'estimaient très-heureux et très-fiers de pouvoir porter des habits qui avaient servi à leurs devanciers, et qui étaient brodés en or *fin*.

La pièce eut un grand nombre de représentations.

Après *Napoléon* ce fut *Hamlet* (mars 1831). Frédérick, qui venait de jouer *Othello*, brûlait d'envie d'interpréter le sombre personnage d'Hamlet. Il n'y fut que médiocrement remarquable. Frédérick était la séve et la vie, Hamlet ne peut pas vivre. Au premier pas qu'il fait en scène, à sa pâleur maladive, à son embonpoint un peu bouffi, on voit qu'il est mort; le sang bleuâtre qui coule paresseusement dans ses veines engorgées n'a pas la pourpre généreuse de la vie. Un tel jeune homme est fait pour se promener à l'ombre glaciale des longues galeries où soufflent les vents du nord, pour s'asseoir au revers des tombes creusées et causer avec les fossoyeurs. S'il cueille des fleurs, ce sont des violettes et des asphodèles, et il les effeuille sur le corps d'albâtre d'une jeune fille noyée.

Frédéric interpréta encore *Médicis et Machiavel*, de Pelissier (avril 1831) ; *le Moine* (mars 1831), *et la Maréchale d'Ancre*, dont la première représentation eut lieu le 21 juin 1831, et qu'il joua avec Ligier, auquel il fut de beaucoup inférieur. M. Alfred de Vigny, écrivait avec un soin trop parfait, une distinction, une élégance trop curieuse, pour les grandes allures de Frédérick qui ne pouvaient rendre ces perfections de ciselure et ces finesses de style. Avec Frédérick il fallait être osé, téméraire, Alfred de Vigny était un artiste consciencieux, élaborant ses pièces à loisir, les retouchant et suivant avec la meilleure conscience les préceptes de Boileau. Au théâtre, il marchait toujours sur le grand chemin et ne tombait pas. Mais Frédérick n'arrivait pas à attacher des ailes au pégase d'Alfred de Vigny qui trottait bien, à l'occasion allait l'amble et même galopait, mais qui ne pouvait voler. Impossible d'enfourcher l'indocile hyppogriffe. C'était une idée commune dans une forme commune, une boisson sans saveur, un vase sans ciselure.

Le dernier rôle que joua Frédérick (novembre 1831) fut le *Mirabeau* de M. Bohin.

Quinze jours après il retournait à la Porte-Saint-Martin.

X

Richard d'Arlington. — Kean et Frédérick. — *La Tour de Nesle.* — Propositions à Bocage. — *L'Armurier de Brientz.* — Harel et Frédérick.

Il y retournait pour créer *Richard d'Arlington*, le 10 décembre 1831.

Nous touchons ici à la période éblouissante de Frédérick.

L'apparition de Richard faisait événement dans le monde des lettres.

La pièce, aussitôt achevée, avait été lue à Harel qui venait d'abandonner la direction de l'Odéon pour prendre celle de la Porte-Saint-Martin. Harel l'avait reçue d'emblée, il l'avait mise immédiatement à l'étude ; et, au bout d'un mois de répétitions toutes scrupuleusement suivies par l'auteur, on était arrivé au 10 décembre, jour fixé pour la première représentation.

Le Théâtre-Français faisait concurrence ; on jouait ce jour-là, *la Fuite de Law*, de M. Menechet, ex-lecteur du roi Charles X.

Malgré cette concurrence, il se faisait un bruit énorme autour de *Richard*. On savait d'avance que la pièce avait un côté politique et d'une haute portée, et la fièvre des esprits faisait, à cette époque, orage de tout. On s'écrasait à la porte pour avoir des billets. Au lever du rideau, la salle semblait près de crouler.

Frédérick était le pilier qui portait toute cette grande machine.

Il avait autour de lui Mlle Noblet, Delafosse, Doligny et Mme Zélie Paul.

Mais telle était la puissance de ce beau génie dramatique, qu'il avait électrisé tout le monde. Chacun, en quelque sorte, s'était inspiré de lui, et avait, par attouchement, augmenté sa force, sans diminuer celle du grand artiste.

Il était alors dans toute la fougue de son talent, inégal comme Kean, — dont il devait deux ou trois ans plus tard reproduire la personnalité, sublime comme lui, il avait au même degré les qualités, et à un degré inférieur les défauts qu'il eut plus tard.

Dans les relations de la vie, c'était le même homme, difficile, insociable, quinteux. D'ailleurs, homme de bon conseil, s'occupant, dans les améliorations qu'il proposait, autant de la pièce que de son rôle, autant de l'auteur que de lui-même.

Il avait été admirable aux répétitions, à la représentation il fut prodigieux ! Où avait-il étudié ce joueur sur une grande échelle qu'on appelle l'ambitieux ? Où les hommes de génie étudient ce qu'ils ne peuvent connaître que par le rêve : dans le cœur.

Près de Frédérick, Doligny fut excellent dans le rôle de Tompson, et Delafosse, qui jouait Mawbray, eut des moments de véritable supériorité. Mme Noblet fut charmante de tendresse, d'amour, de dévouement et de poésie. Dans la dernière scène elle subit à ce point l'influence de Frédérick, qu'elle jeta des cris, non pas de terreur feinte, mais de véritable épouvante.

La fable avait pris, pour elle, toutes les proportions de la réalité.

Cette dernière scène, raconte Dumas dans ses *Mémoires*, était une des choses les plus terribles que j'aie vues au théâtre. Lorsqu'à Jenny, qui lui demandait : « Qu'allez-vous faire ? » Richard répondit : « Je n'en sais rien ; mais priez Dieu ! » un immense frisson courut par toute la salle, et un murmure de crainte, poussé par toutes les poitrines, devint un véritable cri de terreur.

A la fin du second acte, Harel était monté dans mon avant-scène. — J'avais la grande avant-scène de droite, et, de cette place, j'assistais à la représentation comme un étranger. — Harel, dis-je, était monté pour me supplier de me nommer avec Dinaux : on sait que c'était le nom que prenaient, au théâtre, Goubaux et Beudin. Je refusai.

Pendant le troisième acte, il remonta, accompagné, cette fois, de mes deux collaborateurs et muni de trois billets de mille francs chacun.

Goubaux et Beudin, bons et excellents cœurs de frères, venaient m'inviter à me nommer seul. J'avais tout fait, disaient-ils, et mon droit au succès était incontestable.

J'avais tout fait ! — hors de trouver le sujet, hors de trouver les jalons de développement, hors d'exécuter la scène capitale, entre le roi et Richard, scène que j'avais complétement ratée. Je les embrassai, et je refusai.

Harel m'offrit les trois mille francs.

Il était mal venu : j'avais les larmes dans les yeux, et je tenais les mains de mes deux amis dans chacune des miennes. Je refusai, mais je ne l'embrassai pas. La toile tomba au milieu d'applaudissements frénétique. On demanda Richard ; puis, derrière Richard, Jenny, Tompson, Mawbray, tout le monde.

Je profitai de ce que les spectateurs étaient encore enchaînés à leurs places pour sortir et gagner la porte de communication. Je voulais, à leur rentrée dans les coulisses, recevoir les acteurs dans mes bras.

Dans le corridor, je rencontrai Musset ; il était très-pâle et très-impressionné. — Eh bien, lui demandai-je, qu'y a-t-il donc, cher poète ?

— Il y a que j'étouffe ! me répondit-il.

C'était, à mon avis, le plus bel éloge qu'on pût faire de l'ouvrage : le drame de *Richard* est, en effet, étouffant.

J'arrivai à temps dans les coulisses pour serrer les mains de tout le monde. Et cependant, ce n'était plus là l'émotion de la soirée d'Antony ! Le succès avait été aussi grand, mais les artistes étaient bien loin de m'être aussi chers.

Il y a entre mon caractère, mes habitudes et les habitudes et le caractère de Frédérick, un abîme que trois succès communs n'ont permis, ni à l'un ni à l'autre de nous deux, de franchir.

Quelle différence avec mon amitié pour Bocage !

Nous venons de citer le nom de Kean.

On peut dire que c'est Kean et Frédérick qui, les premiers, ont désennobli l'art dramatique. Quand ils ont eu faim, ils ont dit : *J'ai faim !* comme le dirait un homme qui n'a pas mangé depuis huit jours. Quand ils ont eu soif, ils ont dit : *J'ai soif !* et ils nous ont montré un admirable ivrogne. Dans *Trente Ans*, Frédérick se livre sans frein et sans entrave aux ignobles et stupides emportements de la maison de jeu, brisant sur le tapis vert le fatal râteau ; dans *Richard*, il fallait le voir passant son contrat de vente avec le ministre qui l'achète et vendant sa conscience et son rôle avec une merveilleuse facilité qui épouvantait même son parterre, ce parterre accoutumé au spectacle de tous les brigandages.

Comme Kean, Frédérick savait être vulgaire, mais il était toujours inspiré. Il arrivait sur la scène sans savoir ce qu'il allait dire, mais le trouvait presque toujours. Il avait les façons d'un homme du peuple, il en avait l'énergie, et la force, et l'ironie. Il portait la tête d'un gentilhomme dégénéré, mais il en avait la beauté et la grâce naturelles; c'était un comédien toujours prêt, toujours animé, aussi disposé à tous les ricanements de l'âme qu'à la passion sérieuse; aussi prêt à bien faire dans un mélodrame de dernier ordre que dans une composition sévère. Il convenait à M. de Pixérécourt, il convenait à Victor Hugo, ces deux extrêmes.

Richard d'Arlington tint longtemps l'affiche. On reprit ensuite *Othello*, *Napoléon*, *la Mère et la Fille*, *l'Auberge des Adrets* et *Trente Ans*.

Le 29 mai 1832 eut lieu la première représentation de *la Tour de Nesle*. Un mois auparavant, Frédérick était parti de crainte du choléra. On ne saurait se figurer la rage qui le prit quand il reçut la nouvelle que c'était Bocage qui jouait le rôle de Buridan. Il revint immédiatement à Paris trouver Dumas, il insista auprès de lui et reçut du maître la lettre suivante quelques jours après.

Mon cher Frédérick,

J'espère arranger l'affaire à votre avantage. J'ai passé deux heures hier soir en négociations.

Je n'ajouterai qu'un mot pour vous donner la certitude que je n'abandonnerai la partie que de guerre lasse : il est complétement dans mes intérêts *que vous jouiez Buridan* et Bocage *l'Echelle.*

Confiez-vous donc à nous comme à des gens qui estiment votre beau talent et en ont besoin.

Si une démarche amicale près de Bocage était nécessaire demain, vous la feriez, n'est-ce pas ?

Tout à vous.

A. Dumas.

Frédérick fit la démarche. Il alla même jusqu'à offrir 5,000 francs à Bocage, qui resta inflexible.

Voici la lettre qu'il adressait à ce propos à Frédérick :

Monsieur,

Je rentre, on me remet votre lettre. Vous me demandez si je suis dans les mêmes conditions qu'hier et si je veux vous écrire ce que je vous ai dit, ce que je vous ai offert pour vous tirer de la fâcheuse position dans laquelle vous vous trouvez; *je n'ai jamais manqué à ma parole*, même quand je l'avais donné contre mes intérêts; je vous le répète donc:

Je garderai le rôle de Buridan, ou M. Harel consentira à me donner la somme de 4,000 francs, moyennant laquelle je romprai mon engagement.

Ce sont bien mes paroles, n'est-ce pas? et quoique je sois fort innocent de tout le chagrin que vous éprouvez, comme vous l'étiez de celui que j'ai éprouvé de la perte de Richard, malgré tout le désir que j'aurais de rester à la Porte-Saint-Martin, je n'hésite pas à vous donner par écrit ce que vous me demandez pour M. Harel.

Comme vous, je pense qu'il faut terminer promptement cette affaire, pour l'administration et pour nous, car il est fort ennuyeux de ne savoir à quoi s'en tenir.

Je rentre ce soir pour étudier; ayez la complaisance de m'écrire ce que vous déciderez.

Comme vous aussi, monsieur, je suis fâché qu'il ne nous soit pas possible de renouer autrement notre ancienne connaissance de Conservatoire, et je désire beaucoup que M. Harel trouve un moyen de tout concilier.

Votre dévoué serviteur,
BOCAGE.

Bocage eut le succès que l'on sait. Frédérick, qui devait reprendre son rôle plus tard, y fut splendide.

Le 30 août, il joua *l'Armurier de Brientz*, malgré lui; il voulait résilier avec Harel, à la suite d'une proposition que ce dernier venait de lui faire de diminuer ses appointements. Harel était d'ailleurs coutumier du fait. La scène est trop amusante pour que nous ne la racontions pas :

— Mon cher Frédérick, lui dit un soir Harel, j'ai à vous faire une proposition qui ne vous déplaira pas.

— Soit, répond celui-ci; vous me conterez cela demain, en déjeunant.

Le lendemain, on déjeune, comme déjeunait alors notre artiste, avec force truffes et force champagne.

Au dessert, Harel entame la question :

— Je vais droit au but, dit-il, mon projet formel est de diminuer vos appointements de moitié.

— Hein! s'écrie Frédérick, bondissant sur son siége. Vous moquez-vous de moi?

— Le théâtre est à la veille d'une faillite!

— Comment cela? Je vous ai fait gagner plus d'un million. Où diable jetez-vous votre argent?

— Eh! mon cher, où jetez-vous le vôtre ?

— Moi, c'est autre chose; je n'en dois compte qu'à moi-même.

— Allons, allons, dit Harel, ne nous fâchons pas ; je continuerai de vous payer la somme intégrale, tout en paraissant ne plus vous donner que la moitié. Comprenez-vous? De cette façon je pourrai diminuer aisément vos confrères et le théâtre marchera.

Frédérick se lève. Il regarde Harel dans le blanc des yeux, et dit :

— C'est affaire à vous, directeur de mon cœur! vous dégrisez les gens par une seule phrase. Ainsi, vous m'avez cru capable...

— Non, — pas du tout, — je plaisantais, se hâte de répondre Harel, voyant étinceler l'œil du comédien, et lui trouvant un geste de mauvais augure.

— Ah! vous plaisantiez ! dit Frédérick, — eh bien, je trouve la plaisanterie mauvaise, n'y revenez plus !

Il n'était pas dupe de la brusque volte-face du directeur. Trois jours après, il se vengea par un mot sanglant. C'était dans le cabinet même de

Harel. Un jeune homme bien vêtu se présente, portant sous le bras un manuscrit enroulé. A la vue de Frédérick, il recule discrètement et veut sortir.

— Non, restez, et parlez devant monsieur, dit Harel. Il est de la maison. Vous m'apportez un drame?

— Oui, répond le jeune homme.

— Êtes-vous seul, ou en collaboration?

— Je suis seul.

— Alors, vous êtes connu au théâtre?

— En aucune sorte. C'est une pièce de début.

— Voilà qui est fâcheux, murmure Harel, observant la mise riche et soignée du jeune auteur, car voici les conditions imposées à ceux qui font leurs premières armes : l'essentiel, pour nous autres, est d'élever le plus possible le chiffre des recettes au-dessus du chiffre des dépenses.

— Je comprends cela, monsieur.

— Nous devons, en administrateurs prudents, refuser les œuvres de tout auteur qui n'a pas encore eu le baptême du succès, à moins qu'il nous garantisse les frais qu'occasionnera la mise à l'étude de sa pièce.

— C'est mon intention, dit le jeune homme.

— Puisqu'il en est ainsi, fit Harel, nous pouvons nous entendre. Votre drame est en cinq actes ?

— En trois, monsieur.

— Tant pis! cinq actes ne vous auraient pas coûté un sou de plus.

Le dialogue se poursuivit sur ce ton, jusqu'au moment où le jeune homme eut signé au directeur un contrat de dix mille francs. Plus juif que Shylock, Harel lui fit un compte d'acteurs, d'actrices, de figurants et de figurantes, de comparses, de costumes, de décorations, de machines, de musiciens, de souffleur, de gaz et de pompiers, qui eût donné la chair de poule à un auteur moins désireux de se produire et moins riche. Frédérick-Lemaître était resté tranquillement assis dans un coin du cabinet. Voyant le directeur reconduire sa victime, il se lève, s'approche, pose la main sur l'épaule de Harel, et dit :

— Comment, vous le laissez partir ? Il a encore sa montre !

Harel et Frédérick étaient les deux types les plus curieux à voir qu'il fût au monde, passant leur vie à se faire des procès et à se raccommoder ; se lançant à la tête toutes les sottises imaginables pour s'embrasser ensuite ; cherchant mutuellement à se tromper et ne s'en voulant pas une fois le pot aux roses découvert. La victime cependant, il faut bien le dire, était généralement Harel. C'est lui qui était obligé d'expédier à Frédérick des émissaires au *Banquet d'Anacréon*, où il se livrait à ses dîners monstres, et quand on venait lui dire que la toile allait se lever :

— Diable, murmurait-il, je n'ai pas un centime dans ma poche. Voici mon addition, portez-la vite à Harel, et prévenez-le qu'on me retient en otage.

Le directeur envoyait aussitôt la somme indispensable à la délivrance de son premier rôle. Quelquefois l'addition s'élevait à plus de cent francs. N'importe, Harel s'exécutait.

Si Frédérick avait déjeuné copieusement, il ne dînait plus ; mais la bourse du directeur courait alors une autre espèce de péril. Son pensionnaire lui arrivait en voiture, après s'être fait promener cinq ou six heures, sous prétexte de digestion, dans Paris ou la banlieue. Jamais il n'avait la somme nécessaire au payement de son fiacre. Harel s'exécutait encore.

Dans le cours de la soirée, pendant les entr'actes, Frédérick s'éclipsait comme une ombre. Son absence n'était pas remarquée d'abord, et, une fois les décorations prêtes l'orchestre jouait.

— Frédérick ! où donc est Fredérick? demandait-on.

L'acteur était en bas, au café du théâtre, se mêlant à des parties où l'on jouait gros jeu. La plupart du temps, il se trouvait en perte quand le régisseur accourait lui dire :

Monsieur Frédérick, le rideau se lève.

— Eh! que voutez-vous que j'y fasse? Impossible de m'en aller, mon cher; il faut que je regagne ou que je paye. Dette de jeu, dette d'honneur.

A cela que répondre ?

Il fallait bien que Harel payât !

XI

Le paradis des voleurs. — *Béatrix.* — Robert-Macaire à la campagne. — *Lucrèce Borgia.* — Frédérick en prison. Une calomnie. — Colère et misanthropie. — Les indignations. — Jules Janin. — Le puff. — *Robert-Macaire.* — Les haillons dramatiques. — Serres. — Robert-Macaire à la ville. — Un procès fameux.

Nous sommes arrivé à une grande date, 3 février 1833, celle de la première représentation de *Lucrèce Borgia !* Il n'y a pas un lecteur qui ne sache l'analyse de la pièce ; il n'est personne qui n'ait vu ou lu le drame de Victor Hugo. Le sujet de *Lucrèce*, tout saupoudré de ce poison étincelant et blanc comme de la poudre de marbre de Carrare, terreur de l'Italie entière, est un des plus populaires.

Lucrèce est en France ce que *Hamlet* est à

Londres ; les deux créateurs de ces deux chefs-d'œuvre sont de la même famille.

Victor Hugo ressemble en ceci à Shakespeare qu'autant que lui il a la croyance et le goût de son œuvre ; qu'il y croit jusqu'à l'entêtement ; qu'il lui faut aussi une scène immense, un paysage animé, des palais mystérieux, des fêtes éclatantes, la pourpre et l'ornement, un tas de sceptres à briser, des couronnes à rétablir ; qu'il a la même contemplation des choses terrestres, la même tristesse et la même pitié !

Un peu d'histoire :

A la fin de décembre, on annonça à Hugo la visite de M. Harel. Les yeux, les cheveux blancs, les breloques de Harel rayonnaient :

— Je viens de lire *le Roi s'amuse*, s'écriat-il avant de s'asseoir. C'est superbe ! il a fallu le Théâtre-Français pour faire tomber cela ! Je viens vous demander *le Souper à Ferrare*.

Il s'assit, ouvrit sa tabatière et prisa bruyamment. Il offrit Frédérick-Lemaître, mademoiselle Georges et une prime.

Hugo accepta après avoir, sur la prière de mademoiselle Georges, changé le titre du *Souper à Ferrare* pour celui de *Lucrèce Borgia*.

Le lendemain, après la lecture aux acteurs, Hugo donna le choix à Frédérick-Lemaître, entre Alphonse d'Este et Gennaro. Frédérick répondit qu'Alphonse d'Este était un rôle éclatant et sûr, que tous les effets concentrés dans un acte porteraient l'acteur, que tout le monde y réussirait, que Gennaro était, au contraire, un rôle difficile, que la dernière scène était dangereuse, qu'il y avait un mot terrible : *Ah ! vous êtes ma tante !* et qu'en conséquence, il choisissait Gennaro.

Victor Hugo voulait pour Gubetta, Serres, qui avait été un très-bon l'Angély. Le directeur lui déconseilla et obtint Gubetta pour Provost.

Les répétitions allèrent vite. Harel ne souffrit pas qu'on répétât deux fois avec le rôle. Georges, heureuse de sa part, montra tout l'empressement possible ; elle n'avait, du reste, aucune des susceptibilités ni des prétentions de mademoiselle Mars et ne donnait pas de leçons de littérature à Victor Hugo. Frédérick-Lemaître, qui avait moins besoin de conseils que personne, était plus docile à ceux de l'auteur. Son rôle secondaire ne le désintéressait pas de la pièce : il s'y mettait de tout cœur. Il aidait ses camarades, il disait : — Ce n'est pas ça, tiens, dis plutôt de cette façon, — et donnait l'intonation précise. Quelquefois, pour leur montrer, il jouait leur scène et faisait regretter qu'il ne pût pas être tous les personnages.

La décoration du premier acte était charmante. Dans la première scène, quand Gubetta dit que les deux frères aiment la même femme, et que cette femme était leur sœur, un violent coup de sifflet retentit.

— Comment! on siffle? dit Harel, complétement démonté. Qu'est-ce que cela signifie?

— Ça signifie, répondit Hugo, que la pièce est bien de moi.

Au commencement du second acte, quand Gennaro apprend que l'écharpe lui vient de Lucrèce Borgia, il la rejette avec horreur, l'écharpe s'engagea dans l'épée et dans une résille que Frédérick avait cru devoir se mettre sur la tête, et il y eut des ricanements. Tout est occasion de triomphe aux grands artistes. Frédérick tira l'épée, arracha l'écharpe et la résille et les écrasa à terre d'un geste si hautain et si irrité qu'il fut applaudi de partout.

Le dernier acte eut un succès étourdissant. Mademoiselle Georges, sculpturale, sinistre, implacable dans sa vengeance, avait été poignante dans son expiation. Frédérick avait électrisé la salle avec ce mot qui réveille en sursaut Lucrèce Borgia quand elle compte les cercueils : « Il en faut un sixième, madame ! » Dans toute la dernière scène il avait été d'une profondeur et d'une fatalité admirables. Il fut, de l'aveu de l'auteur, un des plus grands éléments de ce grand succès. Il n'en voulut jamais à son rôle de n'être que le troisième, sa seule plainte fut ce mot qu'il répondit à un de ses amis qui lui disait : — Vous avez été superbe !

— Oui, d'abnégation.

Nous avons eu déjà l'occasion de constater avec quelle suprême ironie Frédérick semblait se traiter lui-même. Était-ce calcul, ou bien amour des contrastes : nul ne le saura jamais. Frédérick sort tout éblouissant du palais de *Lucrèce* pour retomber dans les bas-fonds de Macaire. Gennaro cède la place à Bertrand. Mais quel Macaire et quel Bertrand ! réhabilités cette fois aux yeux de tous, enlevés dans des apothéoses !

Voici, en effet, quelle fut l'affiche que l'on accola, au théâtre de la Porte-Saint-Martin, le 25 avril 1833 :

L'AUBERGE DES ADRETS
Le dernier quart d'heure
épilogue terminé par
LE PARADIS DES VOLEURS
épisode fantastique
par MM. Frédérick-Lemaitre, Serres, Saint-Paul

C'était une chose à voir, une idée protégée par sa singularité !

Les auteurs avaient réuni dans ce cadre tout ce qu'il y avait de larrons connus ou supposés, mais avec assez d'esprit pour qu'il n'en résultât pas trop de confusion. Cependant il y avait, comme on pense bien, des personnages dans ce drame muet et iñaminé. On y trouvait un libraire, un cosaque, des plagiaires, le *Voleur-journal*, l'escamoteur et le Jean-Jean, les deux Gaspard, un meunier, un boucher, un boulanger, un vendeur de contre marques, un marchand de vins, un tailleur, une petite roulette, un limonadier, un apothicaire, un marchand de lorgnettes, un cocher de fiacre, un domestique, une cuisinière, une célèbre baronne, une dame de charité, la jeune fille et la dame, des voleurs de diligence, un maquignon, un épicier, Vidocq, un brigand napolitain, Mandrin, Cartouche, l'abbé Terray ou tout autre, un ex-caissier du Trésor ; et, derrière tout ce monde, des avoués, des agents de change, des fournisseurs, des.... (ils y étaient !)... galériens, la Loterie, le Mont-de-Piété, l'hôtel d'Angleterre, quoique démoli, et enfin la Bourse.

Il est facile d'imaginer tout ce qu'il y avait de bizarre dans cette amalgame dont plus d'une profession avait eu le droit de se plaindre.

La nouvelle apothéose leur valut un triomphe ! Robert-Macaire devenait plus populaire que jamais, Bertrand était élevé au nombre des saints !

Il fallut cependant rompre ces réprésentations, le 21 mai 1832, pour la première de la *Béatrix* de M. de Custines, la dernière pièce que devait créer Frédérick à la Porte-Saint-Martin. Quelques jours après il partait en province avec *l'Auberge des Adrets*. Macaire avait besoin de l'air de la campagne.

La tournée fut mauvaise, Frédérick récolta peu d'argent et beaucoup d'ennuis. Il commença par attraper de la prison. Voici comment les journaux du temps rendent compte de cette condamnation :

Frédérick-Lemaître a été condamné, hier, 1er juillet 1833, par le tribunal de la Seine, à cinq jours de prison et à 5 francs d'amende pour refus réitérés de service dans la garde nationale. Il a interjeté appel à cette sentence et a été cité à comparaître devant la cour. Me Levesque jeune, avocat, a demandé la remise de la cause, parce que M. Frédérick-Lemaître était dans les départements depuis le 1er juin, par suite du congé que lui a accordé le directeur du théâtre de la Porte-Saint-Martin, et parce qu'il n'avait pu être averti de la citation que lui a fait notifier le ministère public à son domicile à Paris.

Mᵉ *Miller*. M. Lemaître devrait savoir que quand on est prévenu on doit être toujours prêt à comparaître devant la justice pour se justifier. La cour, après avoir entendu le rapport de Mᵉ Agier, a confirmé purement et simplement le jugement de sa condamnation. La cour, par cet arrêt, s'est écartée de sa jurisprudence antérieure; car elle a décidé implicitement que l'ordonnance d'amnistie du 26 juin 1832 n'a remis aux gardes nationaux réfractaires que les peines prononcées contre eux, et qu'elle a réservé l'effet des condamnations pour l'application des peines de la récidive.

Ce n'est pas tout. Quelques rivaux inventèrent une histoire ignoble sur le pauvre grand comédien. Voici comment il s'en est disculpé dans une lettre adressée à M. Charles Maurice.

A M. CHARLES MAURICE.

Lyon, le 18 juillet 1833.

Monsieur le directeur, c'est avec étonnement, avec indignation, que je viens d'apprendre les bruits infâmes qui ont couru sur moi. Coupable de viol!!! Fi!... fi!... Et pas autre chose avec?... Comment! pas un petit coup de poignard... ou toute autre gentillesse de ce genre ? Oh! c'est d'une simplicité désespérante...! On a bien eu raison de me blâmer, c'est stupide...! Mais on était dans une erreur complète, je ne me mets pas en route pour si peu de chose : à Sens, j'ai fait périr mes deux fils... à Besançon, j'ai commis quatre assassinats, et, le croira-t-on? les Bizontains ont eu l'infamie de rire de la mort du malheureux Cerfeuil!... à Grenoble, ah! c'était bien pis, plus je commettais de crimes, plus on était content. A Lyon, où je suis en ce moment, on daigne m'encourager. Aussi, j'aiguise mes poignards, et fais crier ma tabatière! Aussi encore une douzaine de bons meurtres dans la seconde ville de France, et ma réputation sera gentille!... Mais si tous ces crimes enfantent des vengeurs qui veulent ma perte, qu'ils s'y prennent donc mieux... allons, un peu de courage!... Au grand jour!... une épée!... un pistolet!... et tout sera dit.

Je serai à Paris, le 1er octobre, pas avant. J'ai des engagements sacrés avec Lyon et Marseille; sans cela, on m'eût vu aujourd'hui sur le boulevard Saint-Martin, n° 8, où, en mon absence, on trouvera mon excellente et vertueuse femme, ma respectable mère et trois jolis petits enfants qui, déjà, ont un goût extraordinaire pour commettre des crimes à la façon de leur père!... de leur mère!... qui ne doit rien à personne, paye son loyer, ses contributions, monte sa... ah! diable!... c'est ici qu'il y a crime... ne monte pas régulièrement sa garde

Aussi la prison !... soumettons-nous aux arrêts du Destin... et des conseils de discipline.

Veuillez croire à mon respect,

FRÉDÉRICK-LEMAÎTRE.

Ces ennuis successifs, joints à beaucoup d'autres, excitèrent outre mesure la verve ironique de Frédérick. Il eut ses heures de colère et de misanthropie et il sut les utiliser en écrivant *Robert-Macaire*.

Aussi bien, depuis longtemps, une idée fixe le tourmentait et ne délogeait plus de son cerveau. Robert-Macaire, son type de prédilection, n'avait pas eu selon lui tous les développements dont il était susceptible. Il s'associa deux auteurs, Benjamin Antier et Saint-Amant, qui acceptèrent ses idées et lui permirent de diriger son travail. Bientôt le pendant de *l'Auberge des Adrets* fut mis à l'étude aux Folies-Dramatiques, et tout Paris courut.

Robert-Macaire fut représenté en 1834. Ce fut alors un déluge d'indignation. Est-ce donc là le théâtre moderne ? s'écriait on de tous côtés. Frédérick en est-il arrivé à se parodier lui-même en personne ! à renier sa gloire passée ! Prenez garde ! Robert-Macaire pourrait porter des fruits dignes de lui, il pourrait pulluler comme ces animaux immondes dont on ne peut dire l'origine ; le crime se fait distingué, il a pris de belles manières, il a mis une cravate de soie, des gants, un habit neuf. Autrefois, avant Robert-Macaire, le vice était ordinaire, tout souillé et tout fangeux, il faisait peur, rien qu'à le voir. Aujourd'hui Robert-Macaire est habillé comme les plus élégants ; il prend un bain toutes les fois qu'il a une tache de sang sur ses habits ou sur sa personne.

J. Janin fut de ceux qui en firent le meilleur marché.

Robert-Macaire, s'écrie-t-il dans un feuilleton des *Débats*, est l'élu de la foule ; on l'aime, on l'admire, on l'applaudit ; il fait de l'assassinat une affaire de commerce, et a porté des fruits dignes de lui. Robert-Macaire, à coup sûr, est le père de Lacenaire.

Londres elle-même, où la *Tour de Nesles* et *Richard d'Arlington* avaient été proscrits, a applaudi frénétiquement la pasquinade éhontée de *Robert-Macaire*.

8.

Non pas, mon prince, le succès de l'ouvrage a été dû aux mots heureux, au feu de Frédérick, à ce que la pièce répondait aux tendances morales de l'époque où elle a paru ; *Robert-Macaire* a réussi comme étant un des types de la société d'alors, et l'on ne peut disconvenir qu'il ait renvoyé à cette société l'espèce de corruption qu'il représentait lui-même.

Robert-Macaire, c'est la véritable pièce du *puff*, par le grand génie de Frédérick, le seul qui ait trouvé la comédie du xixe siècle, que tout le monde cherche et que l'on s'obstine à voir là ou elle n'est pas.

Quels puffistes supérieurs que Robert-Macaire, le baron de Wormspire et la jeune Eloa !

Tenez, relisons la pièce ensemble.

Voici le puff de la paternité :

On sait que Charles est le fils de Macaire. Il a caché son père que l'on croit enterré, afin que la honte d'une condamnation ne retombe pas sur sa famille.

MACAIRE.

Charles !... tu détournes la tête ; tu méprises ton père !

— c'est toujours comme ça, quand on a eu des malheurs. — Les liens du sang sont pour lui une chimère ! — Mon fils !... on t'aura fait des propos sur mon compte ! — Ah ! je suis bien malheureux ! quand on a tout perdu, quand on n'a plus d'espoir...

(Il prend le pan de sa chemise pour s'essuyer les yeux. Charles rapproche le pan de sa robe de chambre.)

CHARLES.

Allons, mon père ! nous ne voulons que vous sauver la vie ! — Allons, je vous en supplie, allez vous coucher.

MACAIRE.

Qu'est-ce qu'il dit donc !

PIERRE.

Il dit : Allez vous coucher !

MACAIRE.

Merci ! un fils qui dit à son père : Allez-vous coucher ! — C'est égal, je ne t'en veux pas... mais ce n'est pas bien, car tu es mon fils...

CHARLES.

Mais oui ! mais oui !

MACAIRE.

Tu es mon sang ! le plus pur de mon sang ! tu es mon tout ! Ah ! j'ai mon fils ! j'ai mon jeune homme !

PIERRE.

Et il est soigné, j'espère, son jeune homme ! Allons, allons ! qu'on s'embrasse et que tout ça finisse...

CHARLES.

Pierre, aide-moi...
(Ils le soulèvent et l'entrainent.)

MACAIRE, à son fils.

Tu fais de moi ce que tu veux. — Ah ! que les pères sont malheureux d'avoir des fils !

Ne riez pas ! n'allez-pas me dire que c'est là du grotesque. Et d'ailleurs le rire — une grimace en somme n'est-il point grotesque ? Des grosses plaisanteries et des bons mots ! Aristophane a-t-il donc fait autre chose ? Avez-vous oublié le lézard qui lâche sa fiente sur Socrate ? et les servantes de Lysistrata qui battent les archers ? et la baleine qui prend une balance et pèse de la graisse de bœuf, etc., etc. ?

Voici maintenant le puff de la philanthropie.

LE BARON.

Oui, telle que vous la voyez, elle est veuve d'un pair de France.

TOUS.

D'un pair de France!

LE BARON.

Oui, d'un pair de France; il possédait en Bourgogne tout ce fameux clos qui se trouve au pied de Beaune, et bien d'autres propriétés! mais c'était un dépensier, un mange-tout! A sa mort, tous ses biens étaient grevés d'hypothèques, et la pauvre enfant est restée sans rien... Heureusement que ma fortune!... A sa mort, je l'ai prise avec moi, et je lui ai fait faire le tour du monde pour la distraire. Je veux l'emmener dans l'Amérique du Sud, où j'ai le projet de fonder une colonisation, dont je m'occupe de rassembler les éléments....

CHARLES.

Est-ce que vous seriez?

LE BARON.

Oui, monsieur... je veux réunir des hommes intelligents... Voici l'entreprise résumée en quelques mots : on met chaque colon en possession d'une certaine étendue de terre, afin de l'habituer au travail et de ne pas commencer par le brigandage, puis...

CHARLES.

Et quelle somme est nécessaire?

LE BARON.

Sept ou huit mille francs...

Or le baron est, comme vous le savez, un horrible filou.

Et le puff du patriotisme !
Charles propose à Robert-Macaire de fuir en Amérique.

MACAIRE.

M'expatrier ! qui ? moi ! Je quitterais ma patrie, cette aimable France, séjour de l'industrie, des beaux-arts et des belles manières ! jamais ! jamais ! Oh ! non ! non ! France, je te reste ! ton aspect fait battre mon cœur ! je reste dans ma patrie !

Et le puff des sociétés en commandite ! et le dialogue de Macaire avec Eloa, la prostituée qui joue à la vertu ; ce chef-d'œuvre du puff de l'amour, qui vient chiffonner, entre parenthèses, la collerette de Georges Sand !

MACAIRE.

Eloa !... encore un instant, et nos destinées seront à jamais unies...

ELOA.

Ne le sont-elles pas déjà?...

MACAIRE.

Oui! par l'amour, n'est-ce pas, Eloa? Ce n'est pas à cause de ma position... de ma fortune... que vous consentez à former avec moi ce pacte solennel que les hommes sont convenus d'appeler entre eux mariage... union légitime?

ELOA.

Votre fortune... votre position. Ah! le jour où vous m'apparûtes pour la première fois, savais-je qui vous étiez? et cependant mes regards timides répondaient à vos regards...

MACAIRE.

Enflammés! oui, c'est le mot... Mais dis-moi, Eloa, t'en souviens-tu de ce jour (non, c'était un soir) où pour la première fois nous nous rencontrâmes à l'Opéra?... Nos loges étaient en face l'une de l'autre, et nous n'étions séparés que par le vide immense qui règne entre le lustre et le parterre... tout à coup mon binocle rencontra le tien... Ah! que d'expression dans ce langage muet!... j'étais sourd à l'har... au charivari de l'orchestre, j'avais une fièvre délirante, mon pouls battait cinq cents pulsations par minute ; enfin l'exaltation de tout mon être était telle, qu'un moment j'eus la pensée de franchir d'un seul bond l'espace qui nous séparait, pour venir tomber à tes pieds, et te dire : Je t'aime ! je t'aime !... Il me fallut me décider à passer par un vulgaire couloir. Oh ! malheur à ceux qui se trouvaient sur mon passage !... je culbutais tout, sans distinction d'âge, de sexe, pour arriver jusqu'à toi, et te dire : Je t'aime ! L'univers tout entier se serait trouvé là... que je l'aurais écrasé... broyé... pulvérisé... pour venir te dire : Je t'aime !

ELOA.

Quelle délicatesse de sentiments ! je crois entendre un des héros de roman de M. Alphonse...

MACAIRE.

Car... toi qui m'offrais toutes les perfections d'Indiana, de Lélia, etc... etc... productions de monsieur ou de madame... j'ignore... Eloa ! si ton père m'avait refusé ta main... oh ! quelle épouvantable catastrophe !... je lui en aurais fait voir des grises...

ELOA.

Et crois-tu que la volonté de mon père m'eût arrêtée !... J'aurais voulu qu'il me refusât... que dis-je ? j'aurais voulu que l'homme dont j'ai porté le nom fût encore vivant.

MACAIRE.

Le pair de France!... c'eût été plus drôle!...

ELOA.

Je lui aurais dit : Je me révolte contre une autorité dont tu abuses !... Parce que les lois et le monde m'ont enchaînée à toi, tu t'imagines que je suis ta femme? Eh bien non !... Alors, épouse criminelle et adultère, je serais venue à toi, comme l'ange déchu, et je t'aurais dit : Voilà ce que j'ai fait, parle, que veux-tu?

MACAIRE.

O créature vraiment complète !... femme libre, je t'ai trouvée! oh! grâce! grâce! tant d'exaltation me tue. (*Elle lui passe la main dans les cheveux.*) Il n'est pas sur la terre... pardon, vous me chatouillez... non, il n'est pas d'âme, fût-elle de fer, fût elle de diamant, qui pût résister à tant de bonheur... O Eloa!... si jamais ton amour cessait d'entendre l'idiome du mien !

ELOA.

O Saint Rémond! si tu me trompais...

MACAIRE.

Le fer!....

ELOA.

Le feu!...

MACAIRE

Le forfait!...

ELOA.

Ton existence!...

MACAIRE.

Ta vie!...

ELOA.

Je serais capable de tout, vois-tu !

MACAIRE.

Voilà comme on aime...

ELOA.

Sans or, ni grandeur!...

MACAIRE.

Avec l'un et l'autre.

ELOA.

A toi pour la vie!...

MACAIRE.

Pour la vie!...

ELOA.

Jamais un soupçon !

MACAIRE.

Jamais un chagrin!...

ELOA.

Jamais!... jamais!...

Et le puff de l'amitié! raillerie sublime qui donna naissance à Bertrand. Car Macaire a un double, un reflet, une ombre, un écho : Bertrand. Bertrand, c'est le voleur de la canaille d'en bas; Macaire est le voleur de la canaille d'en haut. Macaire est philosophe, il ne doute de rien, Bertrand est superstitieux et doute de tout; Macaire est matérialiste, et Bertrand croit aux revenants. Le supplice de Macaire, c'est de porter des haillons ; le supplice de Bertrand, c'est de porter des menottes.

Il y a cependant entre ces deux hommes un attachement indiscutable, fatal : Dieu les avait fait naître pour le même boulet.

N'est-ce pas là l'œuvre capitale d'une littérature de hasard, éclose des instincts du peuple et de l'impitoyable raillerie gauloise? Œuvre pimentée encore par le jeu de Frédérick, qui venait de créer un genre tout à fait shakespearien, gaieté terrible, éclat de rire sinistre, dérision amère, raillerie impitoyable, sarcasme qui laisse bien loin en arrière la froide méchanceté de Méphistophélès, et, par-dessus tout cela, une élégance, une souplesse, une grâce étonnante, qui furent comme l'aristocratie du vice et du crime !

Robert-Macaire fit école. Il inspira Philippon et Daumier, qui crayonnèrent mille Robert avec mille légendes qui furent autant de satires amères contre notre société. Philippon et Daumier furent, durant dix années, les Aristophanes du crayon.

Quelques jours après la mort de Frédérick, Cham, avec cet à-propos persistant qui en fait l'homme le plus spirituel de la terre, rééditait un Robert-Macaire dans le *Charivari*.

Le dessin représentait un grand bonhomme, le bras levé en signe de joie, marchant triomphalement entre une profession de foi et la Bourse, et s'écriant dans un accès de lyrisme :

Pauvre Frédérick Lemaître ! Je te dois le jour ! Tu meurs me laissant dans la prospérité et maître du monde !

Je voudrais insister longuement sur le haillon de Robert-Macaire. Jamais haillon ne fut pareil à celui-là, Jamais haillon ne fut ainsi tenu ! Et c'était Frédérick qui portait avec la même aisance le costume du moyen âge et l'habit noir, la bure et le velours, le bonnet de laine et le chapeau à plumes, l'habit brodé du marquis et les lambeaux du mendiant.

Ce qu'il a fait durant toute sa carrière, du haillon, est vraiment incroyable; on peut dire, sans se tromper, qu'il en est l'inventeur, et que les guenilles dramatiques ne datent que de lui. Mais aussi, quelles suprêmes guenilles ! Et quel habit du maréchal de Richelieu, sur les épaules de Fleury ou de Molé, fut jamais aussi vrai que les guenilles du Joueur, sur le dos voûté de notre comédien ? Quel chapeau sans fond, comme l'ironie de cet homme ! Quelle veste aux trous superbes ! Quelle misère infinie ! On vous avait montré des broderies au naturel, voici maintenant des trous et des souillures au naturel. On parle encore des misères du théâtre grec et du roi Œdipe, couvert de sang et de fange, partant pour l'exil; la misère du Joueur est encore une plus grande misère. Quant aux guenilles de Robert-Macaire, ce fut le chef-d'œuvre d'un comédien plein de verve et d'un comédien puissant.

Quelle tâche, en effet, de nous faire rire aux

éclats avec un scélérat tout troué, et dont chaque trou s'est élargi aux verroux du cachot, aux fers du bagne ou dans un vol de grand chemin !

C'est ici l'instant de dire un mot du camarade de Frédérick appelé Serres, et qui, dans le rôle de Bertrand, le seconda si bien. Serres était un comédien très-intelligent. Son ironie était incisive et sa gaieté triste. Il était goguenard et railleur ; même dans son sourire il y avait de l'amertume ; il possédait le grand mérite d'être aussi loin du bouffon du vaudeville que du niais du mélodrame. Il tenait de Bouffé, il tenait de Vernet, il tenait au véritable côté de la nature humaine. Il s'était attaché, corps et âme, à Frédérick-Lemaître, dans ses beaux jours, et il ne le quittait pas plus que son ombre. Il marchait dans son sillon ; il riait de ses saillies ; il partageait ses haines, ses colères et ses amours ; il était la charge vivante et sérieuse de ce héros de carrefour ; il renvoyait avec le plus admirable sang froid, à son géant de partner, toutes ses vives et admirables saillies.

qui ne faisaient que gagner à être ballotées ainsi de l'un à l'autre comédien.

Serres, dit Jules Janin dans un des feuilletons qu'il lui consacra, était sans contredit le premier des personnages secondaires, et je ne crois pas que de nos jours, on en trouve un mieux disposé que lui à recevoir toutes les impressions de son chef de file.
Dans cette création ignoble autant qu'admirable, de *Robert-Macaire*, Serres a complété Robert-Macaire en créant le rôle de Bertrand ; il a été le véritable Sancho de ce don Quichotte du bagne, et les plus habiles connaisseurs ne savent pas encore s'ils doivent donner la palme à Frédérick-Lemaître où à son digne camarade. Je crois cependant qu'en ceci Frédérick-Lemaître est le premier : il a donné l'impulsion à son écuyer de grand chemin ; il a vu, le premier, ce qu'on pouvait faire avec cette *risible* histoire de l'assassinat et du guet-apens ; il a montré à Bertrand la voie et le but de Robert-Macaire.

C'est grand dommage, comme on voit, que ces deux comédiens se soient séparés, car ils étaient inséparables. Serres appartenait à Frédérick par droit de conquête ; il était son fils adoptif ; il était son confident-né ; il ne vivait que de ses inspirations. Ce fut aussi malheureux de sé=

parer Serres de Frédérick, que de séparer Frédérick de Mme Dorval. Le même art les avait réunis, elle et lui, la même passion, le même drame, le même talent, et réunis, ils formaient un faisceau que rien n'eût pu rompre.

Robert-Macaire devint l'ami, le frère, l'inséparable de Frédérick. Il le voyait partout, le transportait partout.

Au milieu des représentations de la pièce, arrive l'époque des étrennes.

Pensant causer à ses voisins une agréable surprise, Frédérick, le 1er janvier, habille son fils, âgé de six ans, des haillons de Macaire, et l'envoie souhaiter la bonne année à chaque étage de la maison.

Passionné pour son rôle, il s'amusait à en transporter quelques détails à la ville. Un matin, au café de Malte, on lui apporte, après son déjeuner, la carte payante. Il se lève, jette 10 fr. au comptoir et se dispose à sortir.

— Mais la carte est de 10 fr. 50, observe le maître du café.

— Bien! dit l'artiste; les 50 centimes sont pour le garçon.

Le théâtre et la caricature ont, depuis, habillé ce mot sous toutes les formes et dans tous les styles; mais Frédérick en est le premier éditeur. On doit lui rendre ce qui lui appartient.

Pendant ce même hiver de 1835, il patinait, sur le bassin du Luxembourg. Quelques promeneuses s'arrêtaient pour admirer la grâce de ses évolutions. Tout à coup l'une d'elles, au moment où il passe dans son voisinage, le reconnaît et lui crie :

— Mes 15 francs, monsieur Frédérick ! Vous avez donc oublié mes 15 francs ?

Notre acteur s'arrête. Il aperçoit son ancienne hôtesse du quartier latin, chez laquelle il demeurait, lors du premier engagement à l'Odéon.

— Vos 15 francs, madame !... Je vous trouve bien osée, répondit-il avec un calme imperturbable. Sous l'alcôve de ma chambre, dans ma vieille malle, j'ai laissé une vieille perruque. Cette perruque m'avait coûté 25 francs, madame ! Vous me redevez un louis; je le ferai prendre chez vous un de ces matins. Serviteur !

Il glissa sur son patin gauche et disparut.

Le lendemain l'hôtesse touchait son reliquat de compte. Frédérick n'avait jamais entendu nier sa dette ; il voulait seulement se donner la satisfaction de jouer Robert-Macaire en plein jour.

Quelque temps après la première représentation de la reprise de *Robert-Macaire*, la pièce paraissait chez Barba.

L'apparition de ce drame en librairie fut la cause d'un procès qui eut un grand retentissement.

Nous avons pu réunir toutes les pièces dudit procès, et nous sommes à même d'en raconter fidèlement les diverses péripéties.

C'est la première fois qu'un jour véritable aura été répandu sur cette piquante affaire.

Barba avait été trouver Frédérick, lui demander s'il voulait vendre, avec l'acquiescement de ses collaborateurs, la pièce de *Robert-Macaire*. Frédérick avait consenti.

Témoin ce billet que nous avons sous les yeux.

Mon cher monsieur Barba, ayez la bonté de me dire ce que vous voulez décidément faire avec *Robert-Macaire.*

Tout à vous,
      Frédérick.
    Boulevard Saint-Martin, 8.

Quelques jours après, Frédérick partait à Londres, sans avoir rien conclu.

Ne pouvant plus traiter avec Frédérick, Bezou, l'un des co-associés de Barba, va trouver son collaborateur Saint-Amant.

Le 8 avril 1835, l'acte suivant était enregistré :

Je soussigné, *pour moi et mes collaborateurs*, reconnais avoir vendu à monsieur Bezou, libraire, le droit exclusif d'imprimer et vendre, à tel nombre d'exemplaires que bon lui semblera, la pièce de *Robert-Macaire,* ladite vente est faite moyennant la somme de *quatre cents francs*, que monsieur Bezou s'engage à nous payer le jour de la première représentation de la reprise de cette pièce, jour *où* nous devrons *lui remettre* le manuscrit.

Fait double entre nous...
   Paris, ce huit avril mil huit cent trente-cinq.
Approuvé l'écriture,
 Saint-Amant.
          Bezou.

Le lendemain, second acte dont voici la teneur :

Entre les soussignés :

1º M. Jean-Nicolas Barba, libraire à Paris, cour des Fontaines, 3, d'une part ;

2º M. Henri-Louis Delloye, aussi libraire à Paris, place de la Bourse, 3, d'une part ;

3º Et M. Pierre-Joseph-Victor Bezou, libraire de même, à Paris, rue Meslay, 34, d'autre part.

Tous trois co-associés dans l'entreprise de la publication de *la France Dramatique*,

A été arrêté ce qui suit :

M. Bezou ayant acquis par acte, en date d'hier, le manuscrit de la pièce de *Robert-Macaire*, moyennant la somme de quatre cents francs, il est reconnu entre les soussignés que ladite pièce de *Robert-Macaire* a été acquise pour le compte de la société existante entre lesdits soussignés.

Fait triple entre nous, à Paris, le neuf avril mil huit cent trente-cinq.

BARBA, BEZOU, DELLOYE.

Les choses en étaient là, signées, paraphées et pour tous dûment et absolument terminées, quand Frédérick apprend à Londres la promesse de vente du manuscrit faite par son collaborateur Saint-Amant. Frédérick entre dans une colère olympienne. Il écrit immédiatement à Saint-Amant une lettre dans laquelle il lui interdisait la livraison du susdit manuscrit. Saint-Amant refuse de livrer au jour convenu ; les assignations surviennent. M. Bezou assigne les auteurs : Frédérick-Lemaître, Benjamin Antier et Lacoste dit Saint-Amant à remettre, dans les quarante-huit heures pour tous délais, au requérant, le manuscrit de la pièce. Les sociétaires de l'opération pour la publication de *la France Dramatique*, autorisent M. Barba à poursuivre. Le manuscrit n'est pas livré. Barba se décide à faire sténographier la pièce, qui est mise en vente quelques jours après.

Frédérick-Lemaître assigne alors M. Barba en police correctionnelle et lui dénonce la liste des témoins justificatifs qui doivent être entendus, entre autres, le sieur Mourier, directeur des Folies-Dramatiques.

L'affaire est appelée le 11 décembre 1835.

Nous donnons, d'après la *Gazette des Tribunaux* du 18 décembre 1835, le compte rendu de ce curieux procès.

La cause entre MM. Frédérick-Lemaître et Barba, au sujet de la plainte en contrefaçon de *Robert-Macaire*, avait attiré hier un grand nombre de curieux à la sixième chambre de police correctionnelle ; mais M⁹ Laterrade, pour M. Barba, a demandé la remise à quinzaine.

M⁹ Syrot, pour M. Frédérick-Lemaître, a consenti à cette remise, mais en demandant qu'il fût dès à présent donné défaut contre ledit Barba, sauf à en adjuger le profit à quinzaine. En conséquence, le tribunal donne défaut contre Barba et remet la cause à quinzaine, jour auquel les parties comparaîtront sans nouvelle citation.

POLICE CORRECTIONNELLE.

SIXIÈME CHAMBRE.

Audience du 31 décembre 1835.

(*Présidence de M. Brethons de la Serre.*)

Robert-Macaire à la police correctionnelle. — Plainte en contrefaçon. M. Frédérick-Lemaître contre M. Barba.

Robert-Macaire avait laissé dans son vestiaire sa perruque, son pantalon rouge, son emplâtre, cet habit vert et ce madras aux longs plis flottants que vous lui connaissez ; il était aujourd'hui mis en homme à la mode, avec un habit à la mode, un gilet de satin et des bottes du meilleur goût. Robert Macaire était en grande tenue et, chose admirable! il venait porter à la justice une atteinte portée à sa propriété. *Une atteinte à sa propriété!* Mais c'est une scène oubliée dans le merveilleux acte des actionnaires!

Vous n'aviez donc pas, monsieur Macaire, inventé l'assurance contre les contrefacteurs ?

La foule était grande à la sixième chambre pour entendre et voir de près l'illustre organe du Robert-Macaire des boulevards, M. Frédérick-Lemaître, plaidant contre M. Barba, libraire, au sujet de la publication de la pièce des Folies Dramatiques qui a passé avec lui au théâtre de la Porte-Saint-Martin.

M. Frédérick-Lemaître expose en peu de mots l'objet de sa plainte. Il est l'un des auteurs de la pièce intitulée *Robert-Macaire*; il a seul été nommé, son nom seul a figuré sur l'affiche. Un de ses collaborateurs, M. Saint-Amant, a vendu à M. Barba le manuscrit de l'ouvrage. Dépositaire de ce manuscrit, il s'est, lui, Frédérick-Lemaître, refusé à le remettre, ne voulant pas que la pièce fût imprimée. M. Barba a envoyé à la Porte-Saint Martin un sténographe ; il s'est ainsi procuré la pièce et l'a livrée au commerce, au mépris des droits de l'auteur et au plus grand préjudice de l'acteur. « J'aurais, ajoute M. Frédérick-Lemaître, à entrer dans de plus longs détails, mais je crois qu'il est à propos d'entendre d'abord les témoins. »

M. Wollis, premier témoin, déclare qu'il y a huit o[u] dix mois, M. Barba lui demanda s'il voulait sténogra[phier] la pièce de *Robert-Macaire.* Il lui apprit qu'[il] avait acheté cette pièce des auteurs, mais que M. Fré[-]dérick-Lemaître, qui n'était auteur que de nom, se re[-]fusait à livrer le manuscrit. M. Wollis ne voulut pa[s] se charger de ce travail, mais il sut bientôt qu[e] M. Barba s'était adressé à un autre et avait fait impri[-]mer la pièce telle qu'elle était sortie des mains du sté[-]nographe.

M. Saint-Amant, l'un des auteurs de la pièce, déclar[e] qu'il a fait un marché avec M. Bezou, libraire, et que[,] fort du consentement d'un autre de ses collaborateurs[,] M. Benjamin, il a cru pouvoir céder au libraire le dro[it] d'imprimer leur œuvre. Toutefois, il reconnaît qu[e] M. Frédérick-Lemaître est un des auteurs de Robert[-]Macaire et avait, en cette qualité, touché des droit[s] d'auteur.

M. Bezou, libraire : — J'avais acheté la pièce [à] MM. Saint-Amant et Benjamin. M. Frédérick-Lemaîtr[e] se refusait à remettre le manuscrit. Comme j'avais céd[é] la pièce à M. Barba, je lui dis : « Mettez en demeur[e] ces messieurs. » Il leur fit sommation de livrer le ma[-]nuscrit. Ils répondirent qu'ils n'avaient pas ce manus[-]crit, qu'il était entre les mains de M. Frédérick-Le[-]maître, leur collaborateur, qui s'obstinait à le garder.

M. Barba me dit alors : « Laissez-moi faire ; je

connais Frédérick ; je m'arrangerai avec lui. » Je donnai plein pouvoir à Barba ; je le laissai faire.

M. Benjamin, homme de lettres : — M. Frédérick-Lemaître est auteur de cette pièce en collaboration avec moi et M. Saint-Amant. Il avait été convenu entre nous que cette pièce ne serait imprimée qu'après un très-long temps.

M. Saint-Amant : — Il avait été convenu que la pièce ne serait imprimée qu'après un temps plus ou moins long.

M. le président : — Avait-il été convenu que la pièce ne serait imprimée qu'avec le consentement de M. Frédérick-Lemaître ?

M. Benjamin : — Cela ne pouvait être autrement. Quand je consentis à l'impression, je ne le fis que sous réserve de la rectification de M. Frédérick-Lemaître. Je lui écrivis même à Londres à ce sujet.

M. Saint Amant : — On n'a écrit à M. Frédérick-Lemaître qu'après le traité signé avec M. Bezou. Je dis alors à Benjamin : « Il faut écrire à Frédérick afin de tâcher de lui attraper le manuscrit. Il faut faire de la diplomatie. »

M. Benjamin : — Je crois n'avoir signé le traité qu'après avoir écrit la lettre. Je ne pouvais engager les droits de M. Frédérick ; il en avait évidemment comme co-auteur.

M. Hély-d'Oissel, avocat du roi, à M. Bezou : —

M. Barba vous a-t-il dit comment il s'y était pris pour se procurer le manuscrit?

M. Bezou : — Non, monsieur, seulement, il m'a dit qu'il se l'était procuré. Je dirai que, dans la librairie, il est d'usage de ne traiter qu'avec l'un des auteurs qui se porte fort pour les autres.

M. Saint-Amant : J'ai fait plus de quarante pièces; j'ai toujours traité pour moi et mes collaborateurs.

M. Frédérick-Lemaître : — C'est peut-être un usage dans la librairie, mais cet usage souffre sans doute exception, surtout lorsque, comme dans le cas actuel, un seul auteur est nommé. Un libraire, qui n'aurait connu l'auteur de *Robert-Macaire* que par l'affiche, fût venu à moi, qui seul étais en nom, et aurait pu traiter avec moi, sans s'inquiéter, peut-être, si l'auteur dont le nom figurait sur l'affiche avait des collaborateurs, des parents ou des cousins. Mais je demande quelle valeur aurait la vente faite par un homme qui se présenterait à un libraire en lui disant : « Je vous vends *Don Juan d'Autriche;* j'en suis l'auteur. M. Casimir Delavigne est sur l'affiche, mais je suis son collaborateur. Je ne puis, il est vrai, vous donner le manuscrit; c'est égal, allez toujours ; vous en serez quitte pour envoyer sur place un sténographe habile.

M. Barba est interrogé :

— L'affaire est fort simple, dit-il. J'allai un jour aux Folies Dramatiques et je vis M. Frédérick Macaire... Non! M. Frédérick-Lemaître dans le rôle de *Robert-*

Macaire, et je dois déclarer que jamais, non, jamais de ma vie, je n'ai ri de si bon cœur. En sortant, je dis à M. Frédérick : « Voulez-vous me vendre votre pièce ; je vous en donne 500 francs ? » M. Frédérick me répondit : « Je vais en Angleterre, nous verrons en revenant. » Ce fut sur ces entrefaites que M. Bezou acheta la pièce à M. Saint-Amant, qui est un honnête homme et un travailleur assez passable... (*M. Saint-Amant salue, M. Barba rit.*) On écrivit à M. Frédérick-Lemaître pour avoir le manuscrit et celui-ci répondit : (Ici M. Barba prend une attitude théâtrale et imite les inflexions de voix forcées de l'acteur.) *Nous verrons... nous verrons... vous l'aurez!...*

M. Frédérick-Lemaître : — Bravo ! monsieur Barba, bravo !

M. Barba : — Je ne suis pas acteur, monsieur.

M. Frédérick-Lemaître : — Non, monsieur Barba, vous êtes libraire !

M. Barba : — Je dis à M. Bezou : « Mettez ces gens-là en demeure ! En vain nous allons courir après Macaire. Si nous le cherchons à Moscou, il sera à Londres. Comment voulez-vous l'amener devant un tribunal ? » Remarquez ici, messieurs les juges, que je ne suis pas dans mon emploi. Je joue le premier rôle et je ne devrais jouer que le second. Je doute que j'aie les moyens de jouer les premiers rôles. Je reçus, à mon retour du Soissonnais, un petit billet de M. Frédérick ainsi conçu :

Mon cher Barba,

Venez me voir, nous nous arrangerons. Votre tout dévoué.
                                  FRÉDÉRICK-LEMAITRE.

Je vais au domicile de M. Frédérick-Lemaître ; il demeure au 4me. Il est fort bien logé, M. Frédérick-Lemaître, mais c'est un peu haut. J'ai 66 ans et j'avais bien chaud en arrivant chez lui. Je ne le trouvai pas. J'eus la précaution de laisser 500 francs chez un voisin pour lui. Ces 500 francs y restèrent plusieurs jours et nous étions prêts à les payer, mais M. Frédérick s'est toujours refusé à la question des conventions faites en son nom par ses collaborateurs.

M. Frédérick-Lemaître : — Il y a dans ce procès une haute question de propriété littéraire, il y a une question de dommage très-grave causé à un auteur-acteur, à un auteur surtout. M. le directeur de la Porte-Saint-Martin, qui cherche à nuire à tout le monde pourvu qu'il en profite, m'avait placé dans la situation de ne pouvoir jouer qu'en province.

(M. Frédérick Lemaître, entrant ici dans des détails, explique comment il fut amené à jouer sur le théâtre des Folies-Dramatiques et à y apporter avec lui la pièce de *Robert-Macaire.*)

J'avais, dit-il, rompu mon engagement avec la Porte-Saint-Martin, et, en vertu d'un infâme traité fait entre les directeurs de théâtre, traité qui place les comédiens au-dessous de la position sociale des nègres, je me trouvais, pour cinq ans, expulsé de tous les théâtres de la capitale. Ce fut alors que je passai un traité avec les Folies-Dramatiques, le seul théâtre de Paris qui, à raison de son humble position peut-être, n'avait pas été jugé digne de figurer dans cette coalition des directeurs contre les acteurs. Au moment d'entrer aux Folies-Dramatiques, je compris qu'il fallait frapper un coup fort qui attirât l'attention. J'avais déjà eu l'idée d'une suite de *l'Auberge des Adrets* Je l'avais communiquée à MM. Fontan, Dupeuty et Maurice Alhoy, hommes de lettres. Je fis un traité avec M. Mourier, directeur des Folies-Dramatiques. Il fut convenu entre nous que j'entrerais à son théâtre et que j'y viendrais avec *Robert-Macaire*, qui serait joué tant qu'il pourrait aller et avec lequel je me réservais plus tard d'exploiter la province. Il fut alors positivement convenu entre toutes les parties que la pièce ne serait jamais imprimée et, si quelque doute pouvait à cet égard s'élever dans les esprits, je me référerais à la lettre suivante que je publiai à cette époque dans la *Gazette des théâtres*. Permettez-moi d'en donner lecture. J'écrivais, le 12 juillet 1834, au directeur de ce journal :

Paris, le 12 juillet 1834.

Mon cher directeur,

Les représentations que je donne en ce moment aux Folies-Dramatiques devant cesser le mois prochain, permettez-moi d'employer la voie de votre journal pour faire connaître mes intentions à MM. les directeurs des théâtres de la province.

Dans mes voyages dramatiques, j'ai vu la vogue s'attacher au mélodrame de *l'Auberge des Adrets*. Ma rentrée à Paris, dans un ouvrage de ce genre, le succès qu'il obtint, m'ont convaincu que la France avait un penchant très-prononcé pour *Robert-Macaire*. En conséquence, comme le premier devoir d'un comédien est de plaire au public, déposant la casaque du Joueur, le portefeuille de Richard, le poignard d'Othello et la noble perruque de Duresnel, je préviens MM. les directeurs qu'à dater du 1er septembre prochain, je suis prêt à faire mon tour de France, emportant pour tout bagage mon habit vert, mon pantalon rouge et mon emplâtre, et à donner sur tous les théâtres des représentations qui se composeront de la fameuse *Auberge des Adrets* et de la pièce de *Robert-Macaire* Cette dernière pièce étant ma propriété, elle ne sera point imprimée : il faudra traiter avec l'auteur et l'acteur. Quelques artistes m'accompagneront pour me seconder dans les principaux rôles.

Signé : Frédérick-Lemaitre.

Le tribunal comprend parfaitement qu'il ne s'agissait pour moi, dans tout cela et dans l'avis que j'avais la précaution de donner, que d'une affaire d'argent, et que je mettais tout à fait de côté l'amour propre d'auteur dramatique.

Quelque temps après, j'allai en Angleterre, et ce fut au moment où je revenais de France que je reçus la lettre de MM. Benjamin et Saint-Amant, me demandant mon autorisation pour faire imprimer *Robert-Ma-*

caire. Cette autorisation, je ne pouvais la donner encore. J'avais le projet de ne faire imprimer que plus tard et lorsque j'aurais exploité la province. Je voulais, d'ailleurs, faire précéder la publication d'une préface fort intéressante, où je me proposais de considérer l'art théâtral dans ses rapports avec le despotisme des directeurs de théâtre.

A mon retour, M. le directeur de la Porte-Saint-Martin vint me prendre de nouveau dans ses filets et me fit jouer *Robert Macaire*. La pièce eut encore de la vogue. Ce fut alors que M. Barba fit ses diligences pour se la procurer; je refusai. Il s'adressa aux Folies-Dramatiques, aux souffleurs, et enfin finit par me la voler.

Aujourd'hui, j'ai rompu mon engagement avec la Porte-Saint-Martin; je ne sais plus que faire. J'aurais pu jouer *Robert-Macaire* en province; cela ne m'est plus possible. L'impression de la pièce a éveillé l'attention de la censure; la pièce n'est plus tolérée. On la regarde comme immorale depuis qu'elle a été imprimée. Après l'avoir tolérée à la Porte-Saint Martin, dernièrement encore à l'Odéon, on la défend dans les provinces, comme si cette impression était de nature à mettre le feu aux étoupes et à bouleverser, moralement du moins, toute la France. Je suis ainsi privé d'un avantage considérable; car, tout récemment, on m'offrait encore 3,000 francs pour aller au Havre jouer quelques fois le rôle, et je ne pus y aller. C'est sur ces motifs que je base ma demande de dommages intérêts.

Mᵉ Syrot plaide pour M. Frédérick Lemaître et conclut en son nom à 15,000 francs de dommages-intérêts.

Mᵉ Laterrade présente la défense de M. Barba et soutient principalement qu'il ne s'agit ici que d'une question de propriété à faire décider entre les auteurs.

Le tribunal, après avoir délibéré, rend le jugement suivant :

JUGEMENT.

Attendu qu'il résulte de l'instruction et des débats contradictoires que Barba a traité de l'achat de la pièce de *Robert Macaire* avec l'un des auteurs de cette pièce; que cet auteur ne lui a pas livré le manuscrit de cette pièce, qui se trouvait entre les mains de Frédérick-Lemaître, co auteur de ladite pièce;

Que le sieur Barba, lorsque Frédérick-Lemaître est venu à Paris, s'est adressé à lui pour obtenir la remise du manuscrit, en exécution de son traité;

Que le sieur Frédérick-Lemaître s'est refusé à la remise du manuscrit, en déclarant qu'il ne consentait pas à ce que la pièce de *Robert-Macaire* fût imprimée;

Qu'au mépris de ces refus, Barba s'est procuré la pièce en la faisant sténographier sur le théâtre où elle se représentait;

Qu'au mépris des droits d'auteur du sieur Frédérick-Lemaître, il a imprimé la pièce de *Robert Macaire*, ce qui constitue le délit prévu par les articles 425 et 427 du Code pénal;

Le tribunal condamne Barba à 200 francs d'amende;

Statuant sur les conclusions de la partie civile à fin de dommages intérêts, le condamne à payer à Frédérick Lemaître la somme de mille francs;

Ordonne l'affiche du présent jugement au nombre de cinquante exemplaires.

Barba et Frédérick interjetèrent tous deux appel de ce jugement.

L'affaire vint à la cour d'appel le 18 février 1836.

Nous empruntons encore le compte rendu à la *Gazette des Tribunaux*.

COUR ROYALE DE PARIS (Appels correctionnels).

(Présidence de M. Jacquinot Godard.)

Audiences des 3 et 18 février.

M. FRÉDÉRICK-LEMAÎTRE ET M BARBA. — CONTREFAÇON DE *Robert-Macaire*.

Les faits de cette cause sont bien connus par les détails dans lesquels nous sommes entrés en rendant compte des débats qui ont eu lieu devant la 6ᵉ chambre correctionnelle.

M. Barba, libraire, condamné à 200 francs d'amende pour délit de contrefaçon de la pièce de *Robert-Macaire*, et à 1,000 francs de dommages-intérêts au profit de M. Frédérick Lemaître, l'un des auteurs, a interjeté appel ; il a persisté à déclarer que M. Bezou, libraire, avait acquis de MM. Antier et Saint-Amant, deux des auteurs de la pièce, le manuscrit moyennant 400 francs. Cet acte enregistré a été rétrocédé à M. Barba. Il s'agissait d'exécuter le traité; M. Frédérick Lemaître, en voyage à Londres lors de la vente, avait promis verbalement, à son retour, la livraison du manuscrit ; mais comme il différait de jour en jour de remplir cet engagement, M. Barba prit le parti d'envoyer aux représentations de la Porte-Saint-Martin, des jeunes gens étrangers à la sténographie, mais qui, à l'aide de leurs notes et d'un prodigieux effort de mémoire, parvinrent à en faire une copie littérale.

M. Antier, homme de lettres, dépose que lui et M. Saint-Amant étaient, en effet, auteurs de *Robert-Macaire*, conjointement avec M. Frédérick-Lemaître ; cependant il avait été convenu que les deux premiers garderaient l'anonyme et que le nom de Frédérick-Lemaître figurerait seul sur l'affiche. M. Frédérick exigea de plus que pendant un certain temps la pièce ne fût pas imprimée, afin de se réserver exclusivement la possibilité de la jouer en province. On supposait que les droits d'auteurs, plus productifs, feraient une compensation suffisante avec le défaut de vente du manuscrit. Au reste, la durée de cette prohibition n'avait pas été fixée.

M. le président : — Ce n'est pas vous qui avez livré le manuscrit ?

M. Antier : — Non, monsieur, la pièce a été prise au vol, et très-mal sténographiée.

M. Barba : — Dites, au contraire, fort bien ; les témoins ont déclaré que *Robert-Macaire* a été rendu mot pour mot.

M. Antier : — Des scènes entières ont été étranglées.

M. Barba : — Tant mieux ! on aura élagué tout ce qu'il y avait de mauvais.

M. Mourier, directeur du théâtre des Folies-Dramatiques, déclare que M. Frédérick-Lemaître, en jouant d'abord à son théâtre *Robert-Macaire*, avant de le représenter à la Porte-Saint Martin, avait expressément déclaré qu'il ne voulait point que la pièce fût imprimée. De cette manière les directeurs des théâtres de départements ne pouvaient pas user, en quelque sorte, la pièce, en faisant jouer le principal rôle par l'acteur comique de leur troupe avant la tournée que se proposait de faire M. Frédérick dans toutes les parties de la France.

Me Laterrade, avocat de M. Barba, établit, pour faire tomber le jugement de première instance, trois propositions : 1° il n'y a pas de délit véritable de contrefaçon lorsque l'on s'est rendu cessionnaire de l'un ou de plusieurs des auteurs ; 2° la vente faite par l'un des sociétaires oblige ses co-sociétaires ; 3° la loi de 1793 ne permet point les poursuites en contrefaçon lorsqu'il n'y a point eu édition primitive de l'ouvrage original, et lorsque le dépôt préalable de deux exemplaires de l'édition originale n'a pas été fait à la Bibliothèque nationale.

Mᵉ Syrot a réduit la cause à des proportions plus resserrées, croyant pouvoir écarter le luxe des fins de non-recevoir employées par son adversaire. Il a présenté M. Frédérick Lemaître comme le plus actif collaborateur de la pièce de *Robert-Macaire*; toute la difficulté d'une pareille composition se trouvait dans la mise en scène, et il y a employé deux mois de son temps. En résumé, la pièce a été imprimée sans le consentement de tous les auteurs, il y a contrefacon d'après le texte précis du Code pénal.

Quant aux dommages et intérêts, Mᵉ Syrot a soutenu l'appel incident de M. Frédérick, et s'est efforcé d'établir que les premiers juges ont accordé une trop faible indemnité. Pendant l'instance de police correctionnelle, et même après le jugement qui avait une force non légale, mais morale de chose jugée, M. Barba s'est permis de continuer la vente de l'ouvrage contrefait, et de multiplier ainsi ses profits illégitimes. M. Barba n'a pas craint de faire imprimer en regard du titre qu'il poursuivrait les contrefacteurs; en vérité, *Robert-Macaire* a trouvé son maître.

M. Didelot, substitut du procureur général, a conclu à la confirmation du jugement, sauf à la Cour à augmenter la quotité des dommages et intérêts, si elle le juge convenable.

La Cour, après une demi-heure de délibération, dans la chambre du conseil, a rendu l'arrêt suivant :

« Statuant sur les appels respectifs ;

« En ce qui touche la fin de non-recevoir ;

« Considérant qu'en subordonnant la poursuite du contrefacteur au dépôt des deux exemplaires de l'ouvrage, et en réglant les effets de cette poursuite, les articles 4 et 6 de la loi du 19 juillet 1793 ne disposent que pour le cas où l'ouvrage a été mis au jour par la voie de l'impression, et qu'à l'égard des écrits non publiés, le droit de propriété au préjudice duquel toute édition non autorisée constitue le délit de contrefaçon, résulte, conformément à l'article 1er de la loi précitée, de la seule qualité d'auteur ;

« En ce qui touche le fond, adoptant les motifs des premiers juges ;

« Considérant que les dommages intérêts ont été proportionnés au préjudice occasionné à Frédérick-Lemaître par le délit ;

« Sans s'arrêter aux appels de Barba et de Frédérick-Lemaître ;

« La Cour confirme, et condamne les appelants chacun aux dépens de leur appel. »

Le point le plus curieux de ce procès, c'est

qu'il en résulte que la version exacte de *Robert-Macaire* n'existe pas, et que les rares exemplaires que l'on trouve aujourd'hui, ne reproduisent pas fidèlement la pièce telle qu'elle fut représentée.

XII

Les contemporains de Frédérick. — Lockroy. — Ligier. — Bocage. — Beauvallet. — Mélingue. — Mlle Mars. — Mlle Georges. — Madame Dorval.

Nous avons parcouru la belle époque de Frédérick, que nous avons déjà suivi dans *Richard d'Arlington*, *Robert-Macaire*, *Lucrèce Borgia!*

Avant de continuer, traçons à la hâte l'esquisse de ceux qui tenaient avec lui le sceptre du théâtre.

On verra le beau temps que ce fut !

Jamais, en effet, l'art dramatique n'avait été si bien servi. Comptons ensemble : Lokroy, Ligier, Bocage, Beauvallet et Mélingue, et puis les dominant tous, Frédérick ! Ce n'est pas tout. Et Mars ! et Georges ! et Dorval !

Comment voulez-vous qu'avec de pareils prêtres la foule ne vienne point à l'autel! Chacun d'eux était né pour rendre un sentiment, une manière, et si l'on eut pu les réunir on aurait eu le spectacle le plus complétement manifeste de la vie humaine. Malheureusement, au théâtre, les génies dramatiques s'évitent au lieu de chercher à se compléter. Ce qui se passe derrière les coulisses est toujours si petit! Comment se fit-il, par exemple, que Frédérick-Lemaître, Bocage et Mme Dorval n'aient jamais été plus souvent employés ensemble? Leur vraie place à tous trois était à la Porte-Saint-Martin : c'est là qu'ils avaient grandi, qu'ils s'étaient développés, qu'ils avaient eu leurs plus beaux moments de hardiesse, de verve et de naturel ; c'est là que Frédérick avait créé Ravenswood, Robert-Macaire, Richard d'Arlington; et Bocage, Antony, Buridan; et Mme Dorval, Adèle Hervey, Marion Delorme. Les directeurs habiles auraient dû enchaîner avec des chaînes d'or (ce sont les plus solides), les destinées de ces trois acteurs à la Porte-Saint-Martin. Nous n'ignorons pas, encore une fois, que ce sont des bêtes féroces bien difficiles, à conduire que de grands talents dramatiques : Carter et Van Amburg en avaient conduit bien d'autres.

Tous ces jeunes talents étaient d'autant plus faits pour se compléter, que chacun d'eux avait une sorte de spécialité.

Bocage avait la passion, la mélancolie, l'ironie amère, l'âpreté misanthropique ; Ligier, l'art, l'éloquence, l'entraînement ; Beauvallet, la chaleur, la jeunesse, la noblesse et la poësie ; son débit avait une suavité et une ampleur bien rares, à une époque ou les acteurs cherchaient le *naturel*. A Mélingue étaient échus l'esprit, la bravoure, l'allure et la gaieté. Personne mieux que lui n'exprimait le courage insouciant, la hardiesse cordiale, la franchise souriante, prête à soutenir son dire à grands coups d'épée. C'était la personnification du héros bon enfant, de cape et d'épée, qui traverse sans être étonné les aventures les plus compliquées et les plus romanesques.

Tant de talents ensemble ! que de guerres sourdes, de jalousies secrètes, de vilenies ! ce que l'on va faire pour avoir un rôle, et pour l'arracher à son voisin ! que de petites escarmouches et de petites infamies !

Frédérick-Lemaître vient de quitter l'Ambigu pour la Porte-Saint-Martin. Remplacer un acteur de ce mérite était chose difficile.

On jette les yeux sur Beauvallet. Le directeur de l'Ambigu lui propose de l'engager à des conditions superbes. Il accepte. Nous le voyons débuter au boulevard par le rôle de Cardillac, une création récente de Frédérick. L'écueil est à craindre. Comment égaler ce grand modèle ? Aussi, le jour de son début, Beauvallet a la fièvre. Des camarades charitables lui disent, pour l'encourager.

— Sois tranquille, on va te siffler à mort ! Après Frédérick, mon cher, que veux-tu ? C'est impossible autrement.

Beauvallet triomphe de ses craintes, fait appel à tout son aplomb, et affronte vaillamment la rampe. On sait que le rôle débute par une scène mimée que l'orchestre accompagne et les titis attendaient avec impatience que le comédien s'exprimât autrement que par gestes. Enfin Beauvallet ouvre la bouche et prononce la première phrase de son rôle, qui est celle-ci :

— Encore une fois sauvé !

Un murmure de surprise court dans la salle ; puis une voix rauque d'homme du peuple s'exclame du haut du poulailler :

— Cré nom ! *pus qu'çà* de gueule !

Frédérick avait un cheval. Beauvallet en achète un, sur lequel il arrivait triomphalement, chaque jour, à la porte de l'Ambigu.

Frédérick ayant fait l'acquisition d'un tilbury, Beauvallet jugea convenable d'en avoir un à son tour. Deux mois après, il le revendit à la porte.

— C'est dommage, lui dit un de ses camarades. Pourquoi t'en es-tu défait ?

— Pour payer le cheval, parbleu !

Cinq ou six jours après le cheval alla retrouver le tilbury.

— Quoi, tu as aussi vendu ton cheval noir ?

— Tiens ! merci !... tu es bon. Et payer le tilbury ?

Mais tout bien pesé, les autres étaient des masques ; Frédérick était un homme. Il avait le panthéisme intelligent. Lui seul emplissait le drame, lui soufflait la vie, le pétrissait dans ses mains puissantes. Que lui importait le temps, le costume, le héros, la situation ou l'âge ! Il saisissait la vie dans son énergie et le cri dans son explosion.

Voilà pourquoi Frédérick était le seul partner qui fût digne de madame Dorval, aux excès duquel elle ne descendait jamais, mais qu'elle sauvait par une grâce ineffable. Tandis qu'elle s'abandonnait, charmante, à toutes les inspirations de son cœur, mademoiselle Georges, de son côté, était remplie à l'excès de violences, de colères, de tendresses et d'emportements.

Il fallait voir aussi madame Dorval à côté de mademoiselle Mars. C'était là un spectacle à la fois rare, inattendu, ravissant, quand chacune de ces deux femmes, obéissant, à son insu, à l'entraînement, à la toute-puissance, à l'inspiration de sa voisine, hésite, et sans trouble, au contraire, avec la volonté la plus entière, s'avance heureuse et fière dans des sentiers qui ne sont pas frayés par elle ! Madame Dorval était la femme du peuple, violente et sans frein, sans loi ni règle, comédienne par hasard et par instinct, comme mademoiselle Mars était la comédienne par la nature et par l'étude; comédienne avec son cœur comme mademoiselle Mars était comédienne avec son esprit ; madame Dorval était le soutien délirant et déguenillé du drame moderne, mademoiselle Mars était le chaste et correct interprète de la vieille comédie !

« Ni le même visage, s'écrie Jules Janin, ni le maintien, ni le sourire, ni le regard ; rien de commun entre ces deux créatures, parties de si haut et de si bas, et qui se rencontrent dans le même poëme, inspirées des plus tendres et des plus violentes passions, afin, sans doute, que chacune de ces créatures mortelles, eût sa part dans cette œuvre impérissable, et se fît son domaine au milieu de l'univers que le grand poëte avait découvert. »

Écoutez ! Soyez attentifs ! Mademoiselle Mars élève la voix pour réciter les beaux vers de Molière ou la prose musquée de Marivaux, ne croyez-vous pas entendre la voix argentine d'une duchesse de Louis XIV, de Louis XV ? Cette voix d'un si beau timbre, à l'accent net et vrai, c'est l'écho même de Versailles ou de Trianon ! En ce moment votre oreille attentive et charmée confond, dans son admiration reconnaissante, le poète et la comédienne ; il vous semble à vous-même que vous êtes devenu un des seigneurs des petits appartements, et que vous avez été présenté, naguère, à cette duchesse éloquente. Ah ! dites-vous, que je suis aise de me voir si complétement duc et pair et cordon bleu, et que j'ai bien fait de me vêtir de mon justaucorps à revers !

Mademoiselle Mars, on voyait qu'elle était venue en carrosse ; elle portait élégamment les belles robes de la grande faiseuse, mademoiselle Victorine ; elle étudiait aux lumières, avant d'acheter une robe, les nuances diverses du blanc, du bleu et du rose ; elle avait même donné son nom à une espèce de couleur d'un rose à part, et charmant aux lumières, qu'on appelait le rose de mademoiselle Mars. Elle était souriante, élégante et parée à ravir. Une déesse eût avoué ses amples vêtements ; une Grâce eût envié sa fraîche ceinture. Elle avait le don exquis de tout voir, de tout comprendre et de tout savoir. Elle savait attaquer, elle savait se défendre ; elle sentait bon ; et des pieds à la tête, de la pointe des cheveux aux petits jours de ses bas de soie, elle était vraiment au meilleur gré des plus difficiles. Aussi bien elle marchait, la tête haute, entre mille déférences et mille respects.

Cependant... sauve qui peut! Voici madame Dorval! Madame Dorval... c'était le fantôme, l'extase et l'agonie ; à la voir, on voyait tout de suite qu'elle n'était pas venue même en fiacre ; elle venait, haletante, de la rue et du carrefour, à pieds, les souliers éculés, et les cheveux épars. Sa robe, à peine attachée à ses épaules blanches, ne tient pas à son corset ; on voit battre à travers sa robe en coton, son cœur gonflé de mille douleurs, et certes elle ne songe pas à le réprimer. Quant à son geste, elle n'a pas de geste. Elle va, elle vient, elle crie, elle pleure, elle sourit, selon le caprice et la volonté de la minute présente ; elle obéit librement... à toutes les passions vulgaires, et toutes les passions lui conviennent, pourvu qu'elles soient vulgaires.

Dans son drame, elle fuit l'esprit, elle fuit

le style, elle a peur de l'ironie ; elle a horreur du sourire ; le fard l'écrase, et la conversation la perd. Donnez-lui l'exclamation, les frénésies, les colères, les désespoirs ! Comme aussi, prenez garde aux perles, aux diamants, à la couronne, à l'habit de satin, au manteau de velours… ! Elle arrache, à la fois, de sa tête brûlante, et ses cheveux et la couronne qui les pare ; elle va déchirer ses dentelles en voulant se meurtrir le sein ; le soulier de satin la gêne, comme la robe en satin. Malgré sa belle robe, elle se vautrera par terre dans la poussière et dans le sang, s'il le faut. Que font la robe et l'ornement à madame Dorval ? Elle les laisse à mademoiselle Mars !

Mademoiselle Georges tenait le milieu entre ces deux écoles dramatiques.

Voici comment nous la dépeint Théophile Gautier dans l'article qu'il consacra à sa représentation de retraite, donnée le 21 mai 1849, au théâtre des Italiens.

« Jamais carrière dramatique ne fut mieux remplie que celle de mademoiselle Georges ; douée d'une beauté qui semble appartenir à une race disparue et avoir transporté la durée du marbre dans une chose ordinairement si fragile et si fugitive, que sa comparaison naturelle est une fleur, mademoiselle Georges a rendu des services égaux aux deux écoles ; personne n'a mieux joué le drame ; les classiques et les romantiques la réclament exclusivement. « Quelle Clytemnestre ! » s'écrient les uns. — « Quelle Lucrèce Borgia ! » s'écrient les autres. Racine et Hugo l'avouent pour prêtresse et lui confient leurs plus grands rôles.

« Par la pureté sculpturale de ses lignes, par cette majesté naturelle qui l'a sacrée reine de théâtre à l'âge des ingénues, par cet imposant aspect dont la Melpomène de Velletri donne l'idée, elle était la réalisation la plus complète du rêve de la muse tragique, comme, par sa voix sonore et profonde, son rire impérieux, son geste naturel et fier, son regard plein de noires menaces ou de séductions enivrantes, par quelque chose de violent et de hardi, de familièrement hautain et de simplement terrible, elle eût paru à Shakespeare l'héroïne formée exprès pour ses vastes drames.

« De longtemps, on ne verra une pareille Agrippine, une semblable Clytemnestre ; ni Lucrèce Borgia, ni Marie Tudor ne trouveront une interprète de cette force : le souvenir de mademoiselle Georges se mêlera toujours à ces deux formidables rôles, où elle a vraiment collaboré avec le poète, et ceux qui n'auront pu voir les deux pièces jouées par la grande actrice n'en comprendront pas aussi bien l'effet irrésistible, immense.

« Souvent, dans notre carrière de feuilletoniste, nous avons eu à regretter des retraites, à jeter des fleurs sur ces comédiens si glorifiés qui rentrent dans l'oubli, et ce spectacle nous a toujours inspiré une tristesse profonde.

« Aucun artiste n'a certainement les jouissances d'amour-propre de l'acteur ; quand nous disons acteur, l'épithète de *bon* est sous-entendue ; — sa gloire lui est escomptée sur-le-champ, et il n'a pas besoin d'attendre d'être un buste de marbre pour se voir triomphalement couronné de lauriers. Les bouquets pleuvent sur lui de l'avant-scène ; les mains gantées de blanc des fashionnables et des belles dames ne dédaignent pas de se rapprocher en sa faveur ; on le fait revenir après la chute du rideau ; on crie, on trépigne, on hurle, on cogne le plancher avec sa canne, on casse les banquettes, on mettrait volontiers le feu au théâtre pour lui exprimer plus chaudement son admiration ; mais, s'il a cette douce satisfaction d'être applaudi tout vif et de toucher sa renommée du doigt, il a aussi ce malheur de ne rien laisser de lui et d'être oublié ou contesté après sa mort. La chose a déjà lieu pour Talma, qui est à peine refroidi dans son suaire drapé à l'antique ; la jeune génération sourit aux miracles qu'en racontent les hommes de l'Empire, et préfère le couplet de Frédérick, dans *l'Auberge des Adrets,* à la napoléonienne perruque de Sylla. »

Tels étaient en quelques mots les camarades et les rivaux de Frédérick-Lemaître.

Sa gloire survivra à la leur ; c'est dire quel était son génie !

XIII

Son réengagement á la Porte-saint-Martin. — Il va aux Variétés. — *Le Marquis de Brunoy.* — Reprise du *Barbier d'Aragon.* — *Kean.* — Anecdotes. — *Ruy-Blas.* — Visite d'Alexandre Dumas à Victor Hugo. — Le prince d'Orléans. — M. Guizot. — Anténor Joly. — Le théâtre de la Renaissance. — La première représentation.

Le 11 juillet 1835, Frédérick était réengagé à la Porte-Saint-Martin, où il débuta le 17 août 1835, dans une reprise de *l'Auberge des Adrets*. Mais la direction allait mal et Frédérick repartit en province.

Ce ne fut que le 11 mars 1836 qu'il revint à Paris, signer un engagement avec le théâtre des Variétés, où sa présence étonna tout son public ordinaire.

Le 14 mars il débuta dans *le Marquis de*

Brunoy. La pièce était mauvaise et n'eut pas de succès.

Frédérick s'attira, sans motif, la colère des journaux, le jour de la première représentation : au moment le plus pathétique un spectateur se met à crier :

— Vous n'êtes qu'un vieux blagueur !

La presse se servit, comme d'un prétexte, de cette exclamation pour tomber sur le transfuge.

On annonce que Frédérick-Lemaître va reprendre *le Barbier du roi d'Aragon*, qu'il a joué à la Porte-Saint-Martin. Qui se souvient de cela ? Ce n'est assurément pas nous, et cependant nous devrions le savoir mieux que personne. *Cet auteur est tout à fait usé pour Paris.*

(Courrier des Théâtres.)

Le Courrier Français s'écrie :

Tu l'as voulu, marquis de Brunoy ! De deux choses l'une : ou tu avais de l'esprit, et tu devais prévoir ce qui t'arrive ; ou tu n'étais qu'un sot, et tu mérites ton destin.

Le Marquis de Brunoy disparut bientôt de l'affiche pour faire place à la reprise du *Barbier d'Aragon,* qui n'eut encore qu'un petit nombre de représentations.

Enfin arriva *Kean!*

La première devait avoir lieu au mois de juin, et ne fut donnée que le 31 août 1836. Le retard était attribué, sur l'affiche, à une indisposition de Frédérick. Malheureusement il était rencontré partout, à pied, ou dans sa calèche à deux chevaux. La vérité était qu'il y avait eu des explications relatives à son congé entre lui et le théâtre, et qu'on en attendait la solution pour représenter la pièce immédiatement après les fêtes de juillet.

Kean obtint un succès considérable. Alexandre Dumas avait touché juste, Kean et Frédérick-Lemaitre se confondaient alors l'un dans l'autre, et qui disait celui-ci, disait celui là. L'auteur avait bien raconté, avec sa violence et son esprit de tous les jours, cette existence de maître d'armes et de bateleur, d'ivrogne et de Lovelace, d'enfant gâté par le succès et d'homme corrompu par tous les vices.

Frédérick était vraiment tout cela !

Frédérick semblait s'être si bien identifié avec son rôle, qu'il n'arrivait jamais au théâtre sans avoir largement sacrifié au dieu du pampre, et ce qu'il y a de singulier, c'est qu'il semblait devoir à cette surexcitation même ses plus grands effets d'excessive sensibilité, de lyrisme et d'audace.

Un soir, il fit attendre le public pendant quarante-cinq minutes. La salle était dans une indignation terrible. On menaçait de briser les violons de l'orchestre, dont la musique beaucoup trop prolongée agaçait les spectateurs au lieu de calmer les ennuis de l'attente. Le théâtre avait en vain commandé une battue chez les restaurateurs et dans les estaminets du voisinage. Point de Frédérick. Enfin on le vit paraître, mais il aurait eu besoin, ce soir-là, comme Silène, d'etre soutenu par les nymphes.

— Holà! cria-t il, place au théâtre !

— Vous n'entrerez pas ainsi en scène! dit le régisseur furieux. On va rembourser le public, et vous payerez le dommage.

— Ah ! ma foi, ce sera justice ! fit Dumas, présent à l'altercation.

— Paix !... taisez vos becs, dit l'émule de Silène, ou je vous *casse* ! (Textuel.)

A ces mots il montre son poing d'hercule à ceux qui veulent le retenir, envoie l'auteur de *Kean* rouler contre un décor, et crie d'une voix formidable :

— Qu'on lève le rideau !

Sans doute le public va l'écraser de sa colère. Pas du tout. Le grand acteur, en cette suprême occurrence, domine le trouble de son cerveau, fait appel à son génie, et subjugue par une entrée magnifique la salle orageuse. Les applaudissements éclatent en triple salve.

On arrive à certain passage de la pièce ou Kean déplore ses excès et ses désordres. Encore ému par la scène des coulisses et sentant avec vivacité le malheur de sa passion, Frédérick abandonne la prose de Dumas, pour improviser un thème sublime, plein de regrets et de larmes, qui jette la salle entière dans le transport. Pendant cinq minutes, un tonnerre de bravos ne lui permet pas de continuer son rôle. On applaudit du parterre aux combles. C'est un délire.

Avisant tout près de là, dans une avant-scène, Alexandre Dumas confondu, Frédérick s'approche, et lui jette au visage cette phrase triviale et railleuse :

— Hein, cadet, ça te la coupe ! (Toujours textuel.)

Ce trait peint complétement l'homme, — bizarre mélange de grotesque et de sublime ; de cynisme et d'élévation.

Après le succès de *Kean*, Frédérick consentit à jouer *Scipion ou le Beau-Père* (15 décembre 1836), *Nathalie* (19 janvier 1837), et quitta les Variétés. Harel, qui ne pouvait se passer de lui, lui fit de nouvelles propositions qu'il refusa pour partir en province. Tout le monde avait à se plaindre de Harel.

Sur ces entrefaites, Alexandre Dumas vint chez Hugo, et lui raconta une conversation qu'il avait eue avec le prince d'Orléans. Le prince s'informant pourquoi il ne faisait plus rien jouer, il lui avait répondu que la littérature nouvelle n'avait pas de théâtre; qu'elle n'avait jamais été chez elle au Théâtre-Français, qu'elle y avait été quelquefois tolérée, jamais acceptée; que la vraie scène eût été la Porte-Saint-Martin, mais que les procédés de son directeur en avaient éloigné tout ce qui avait du talent ou seulement de la dignité, et qu'on y était tombé aux exhibitions de ménageries ambulantes; qu'entre le Théâtre Français, voué aux mots, et la Porte-Saint-Martin vouée aux bêtes, l'art moderne était sur le pavé. Il avait ajouté que ce n'était pas lui seul qui se plaignait, que tous les auteurs du drame disaient comme lui, à commencer par Victor Hugo, qui ne faisait plus de pièces que de loin en loin, et qui en aurait fait deux par an s'il avait eu un théâtre.

Le duc d'Orléans avait dit que c'était là, en effet, un état de choses impossible, que l'art contemporain avait droit à un théâtre et qu'il en parlerait à M. Guizot.

— Maintenant, conclut Alexandre Dumas, il faut que vous alliez voir Guizot. J'ai persuadé le prince, persuadez le ministre.

— Un théâtre, c'est très-bien, dit Victor Hugo, mais il faudrait un directeur.

Dumas n'avait personne dont il pût répondre.

— Connaissez-vous quelqu'un, vous ? demanda-t-il à Victor Hugo.

— Oui et non. Je reçois un journal de théâtre qui est entièrement dans nos idées, et qui nous défend tous les deux, évidemment avec conviction et sans arrière-pensée, car le brave garçon qui fait ce journal ne vient pas même chercher des remerciements, et je ne l'ai pas vu quatre fois. Je crois donc en lui précisément parce que je ne le connais pas. On m'a dit que son rêve serait d'être directeur de théâtre. C'est le directeur du *Vert-Vert*.

— Anténor Joly ! mais il n'a pas le sou.

— Avec un privilége il trouvera de l'argent.

Ce privilége fut immédiatement signé, mais Anténor Joly ne trouva de l'argent que 22 mois après, et sa première visite fut pour Hugo, auquel il demanda une œuvre.

Pendant que Hugo écrivait *Ruy-Blas*, Joly venait le voir souvent, le consultait sur l'emplacement du nouveau théâtre, lui amenait des architectes. Victor Hugo était pour un terrain qui se trouvait libre près de la porte Saint-Denis, et pour appeler le théâtre *Théâtre de la Porte-Saint-Denis*. L'affaire ne se fit pas, à son grand déplaisir, et ils en furent réduits au théâtre Ventadour. Tout ce qu'on put faire pour lui, ce fut de changer son nom, et d'appeler ce tombeau, *Théâtre de la Renaissance*.

Avant de promettre *Ruy-Blas*, l'auteur s'était enquis de la troupe. On lui avait présenté une liste d'acteurs de vaudevilles et de province. Il avait demandé Frédérick-Lemaître ; ç'avait été, du reste, sa seule condition. Il avait voulu, à ce théâtre qu'il avait donné pour rien, et dont on avait offert une fois à M. Anténor Joly soixante mille francs, les mêmes conditions qu'au Théâtre-Français et à la Porte-Saint Martin.

Frédérick faisait une tournée en province, un mot d'Anténor Joly le fit revenir en grande hâte. Le théâtre était tout à refaire à l'intérieur et livré aux ouvriers, l'auteur, pour ne pas lire au bruit des coups de marteau, fit venir les acteurs chez lui. Frédérick fut radieux aux trois premiers actes, inquiet au quatrième, sombre au cinquième, et puis s'esquiva sans rien dire.

On ne pouvait répéter au théâtre. Anténor Joly avait obtenu qu'on lui prêtât la salle du Conservatoire. Ce fut là que le lendemain l'auteur distribua les rôles. Frédérick reçut le sien d'un air résigné, mais il y eut à peine jeté les yeux, qu'il poussa un cri d'étonnement et de joie :

— C'est donc Ruy-Blas que je joue ?

Il avait cru que c'était don César.

Le soir de la première représentation, la salle n'était pas terminée ; les portes des loges, posées précipitamment grinçaient sur leurs gonds et ne fermaient pas ; les calorifères ne chauffaient pas ; le froid de novembre glaçait les spectateurs. Les femmes furent obligées de remettre leurs manteaux, leurs fourrures et leurs chapeaux, et les hommes leurs paletots. On remarqua que le duc d'Orléans eut la politesse de rester en habit. Les trois premiers actes très bien joués, et plus que très-bien, par Frédérick, saisirent la salle. Le quatrième, que Saint-Firmin dit avec une verve spirituelle, fut moins heureux, mais le succès reprit plus énergiquement au cinquième, où Frédérick dépassa les plus grands comédiens. La manière dont il arracha le pardessus de la livrée, dont il alla tirer le verrou, dont il frappa l'épée sur la table, dont il dit à don Salluste :

Tenez,
Pour un homme d'esprit, vraiment, vous m'étonnez ;

dont il revint demander pardon à la reine, dont il but le poison, tout fut grand, vrai, profond, splendide, et le poëte eut cette joie si vraie de voir vivre la figure qu'il avait rêvée.

La presse fut, en général, favorable à *Ruy-Blas*. Il y vint du monde. Dès la seconde représentation, il y eut un coup de sifflet au troisième acte, quand Ruy-Blas ramasse le mouchoir de don Salluste, et il y en eut plusieurs au quatrième. Il y en eut davantage aux représentations suivantes, et le quatrième acte fut de plus en plus attaqué. Les acteurs disaient que c'était la musique qui voulait tuer le drame pour avoir le théâtre à elle seule. Frédérick sortant de scène après le troisième acte, montra à l'auteur un individu assis au parterre qu'il affirma avoir vu siffler. A la représentation suivante, le siffleur était à la même place. Victor Hugo, qui voulait en avoir le cœur net, alla dans la salle, au troisième acte. Comme toujours la scène entre Ruy-Blas et don Salluste rencontra de la résistance. Au moment où Ruy-Blas ramassa le mouchoir, Victor Hugo vit l'inconnu porter à sa bouche un petit instrument, et un sifflement aigu retentit. L'auteur n'avait pas été seul à voir ce geste, Frédérick, qui avait à dire à don Salluste :

Sauvons ce peuple ! osons être grands ! et frappons !
Otons l'ombre à l'intrigue et le masque...

n'acheva pas le vers à don Salluste, s'avança jusqu'à la rampe, regarda le claqueur en face, et lui dit :

..... Aux fripons !

L'allusion fut saisie au vol, et saluée par un tonnerre d'applaudissements.

XIV

L'Alchimiste. Zacharie ou l'Avare de Florence. Il jette sa perruque au parterre. — Trente neuf jours de captivité. — Le cornet de Robert Macaire. — *Vautrin.* — La censure. — Faillite de Harel. *Vautrin* défendu par Théophile Gautier. — *Paris le Bohémien.* — Les biographes infidèles. — Eugène de Mirecourt. — Un homme sans fard et sans chemise.

Ruy-Blas fournit une honorable carrière.

Le 15 avril 1839, Frédérick parut dans *l'Alchimiste*, dont le sujet était tiré d'un conte italien de Grazzini, imité par Dumas.

C'était un drame plein d'émotion et de terreur. Ida jouait le rôle de Francesca avec une sensibilité et une passion entraînantes ; Frédérick celui de Piazio (l'alchimiste), et en rendit admirablement les diverses nuances. Puis il créa *Zacharie* en 1841.

Le drame de Rosier devait être représenté huit jours plus tôt ; mais, par suite de difficultés survenues entre Frédérick et Anténor Joly, l'acteur avait refusé tout à coup son service, et la représentation avait dû être ajournée.

Frédérick n'avait accepté le rôle qu'à condition qu'on lui donnerait cinquante francs toutes les fois qu'il viendrait répéter. Anténor avait cédé à ses exigences, mais les répétitions menaçaient de ne plus avoir de terme.

Enfin on annonce la première représentation. Le public arrive et se trouve en face de l'affiche ci-dessous :

RELACHE

par refus de M. Frédérick-Lemaître de jouer son rôle.

On en conviendra, le tour était violent. Toute la presse jette feu et flamme et prend parti contre l'artiste. Celui-ci, épouvanté de l'arrêt de ce tribunal, dont il ne peut décliner la compétence, juge prudent de ne plus lutter avec la direction. Il entre en scène, et le parterre le siffle avec rage. Mais l'adroit comédien ne se déconcerte pas.

S'avançant au bord de la rampe, il débite ce petit discours :

— Je suis vraiment confus, messieurs, de l'accueil enthousiaste que vous daignez me faire. Agréez l'expression de ma reconnaissance, et croyez que je vais mettre au service du drame toute ma bonne volonté et tous mes efforts.

Là-dessus, le vent change ; la girouette appelée public tourne, et Frédérick est applaudi comme à ses plus beaux jours.

Il ne parlait pas souvent aux spectateurs avec une aussi remarquable soumission. Parfois il se permit à leur égard certaines impertinences qui lui attirèrent les sévérités de la police. Après ces escapades on l'envoyait de temps à autre coucher au violon.

Un jour, il parie qu'il ôtera sa perruque sur la scène sans fâcher le public. Il l'ôte effectivement : on ne dit mot. Mais cette indulgence l'encourage. Un instant après, il l'ôte de nouveau et l'emploie en guise de mouchoir pour s'essuyer le front. Personne au parterre ne sourcille. Surpris de cette longanimité, il prend une troisième fois sa perruque et se mouche dedans. Un tumulte effroyable s'élève, on escalade la rampe, afin de contraindre l'insolent acteur à faire des excuses. Il résiste. La pièce est interrompue, et le commissaire du théâtre envoie le coupable en prison. Il y reste trente-neuf jours. Une fois libre, il se hâte de faire la paix avec le public. Son moyen de rentrer en grâce est fort simple, il se surpasse lui-même, et tout est dit.

L'histoire de Frédérick offre vingt circonstances de ce genre. Bien longtemps auparavant, dans *Cardillac*, il avait déjà lancé sa perruque au parterre. L'outrage fut relevé et puni. Vers 1837, jouant *Robert-Macaire* en province, il tire tout à coup de sa poche un sale cornet de papier contenant du tabac, et offre une prise à Bertrand. Le public siffle. Habitué aux revirements de la foule, notre imperturbable scélérat jette le cornet, fouille de nouveau dans sa poche et en ramène une tabatière d'or, dans laquelle il offre une seconde prise à son complice. On bat des mains.

— Permettez! dit Frédérick au parterre, le cornet valait mieux : il était dans le sens du rôle. C'est la tabatière d'or qu'il faut siffler!

Mais revenons à *Zacharie*. Quelques-uns se demandèrent si l'auteur avait voulu faire de *l'Avare de Florence* une charge ou une pièce sincère. D'un autre côté tous furent d'avis que Frédérick y avait été médiocre. Son physique et ses moyens se prêtaient peu à la physionomie de l'avare. L'homme de la vie et de l'expansion par excellence était tout le contraire de ce qu'il fallait pour jouer un avare ; il avait toujours jeté en prodigue à tous les vents son talent, son génie, sa gloire et sa beauté; il était l'acteur du geste soudain et de l'éclair inattendu, et devait échouer dans les rôles froids et ténébreux.

Un an avant *Zacharie*, le 14 mars 1840, Frédérick était revenu à la Porte-Saint-Martin jouer le *Vautrin* de Balzac. La pièce fut sifflée tout du long, malgré le talent déployé par Frédérick et Mme Cénau.

La pièce, jugée à tort d'une immoralité outrée, prêtait en outre, par la mise en scène, à toutes les plaisanteries ; sans compter que Frédérick, incorrigible, avait jugé à propos de se faire la tête de Louis-Philippe. Un seul fait : un personnage doit reconnaître les membres de sa famille dans quatre tableaux pendus aux murs d'un salon. Il nomme ses parents :

— Voici, dit-il, mon oncle, mon cousin, etc.

Et les quatre tableaux représentent... des paysages !

Le lendemain *Vautrin* fut interdit, non pas par le préfet de police, mais par M. de Rémusat, ministre de l'intérieur. En vain Balzac, Victor Hugo et Harel sollicitèrent auprès du ministère : rien n'y fit.

Pendant ce temps les plaisanteries coururent à Paris. On dit que Harel était à Jarnac ; que Mlle Georges venait d'arriver de Caen et qu'elle repartait de suite après s'être assurée d'une glace qui était restée dans sa loge ; que les pauvres acteurs de la Porte-Saint-Martin étaient dans la plus profonde misère ; qu'on avait évalué au ministère, les dépenses de la mise en scène de feu *Vautrin* à douze cents francs, et que c'était onze cent soixante-quinze francs de trop. Enfin que Harel, pour être récompensé de la bonne idée de *Vautrin*, ne demandait que :

Soixante-dix mille francs d'indemnité ;

Une place de préfet ;

Une mention honorable aux deux Chambres ;

Un grand cordon ;

Et le drapeau de Mazagran.

Et on ajoutait que si le gouvernement, la littérature et la morale refusaient cela, il y aurait une émeute.

La faillite de Harel vint mettre fin à tant de belle humeur. Harel laissait un passif de 668,384 francs.

A l'occasion de cette faillite, un journal signala ce dernier trait de rouerie administrative à l'aide duquel Harel fit ses adieux.

Cette feuille dit :

« Le tribunal de commerce de la Seine, présidé par M. Pepin-Lehalleur, a déclaré en état de faillite ouverte M. Harel, directeur de la Porte-Saint-Martin et gérant de la société en commandite constituée pour l'exploitation du privilége de ce théâtre. A *l'actif* du bilan déposé au greffe par M. Harel, nous avons remarqué l'article 13 où figure pour mémoire : *l'indemnité à poursuivre soit devant l'administration, soit devant le Conseil d'État, à raison de l'interdiction prononcée contre* LE PACTE DE FAMINE *et* VAUTRIN, *drames approuvés tous deux par la censure et dont les représentations autorisées par le ministre lui-même, ont été arbitrairement interrompues.....* »

Quelques critiques s'élevèrent contre l'interdiction de *Vautrin* et demandèrent, en ce cas, à quoi pouvait bien servir la censure, si l'on pouvait confisquer une pièce après coup ?

Qu'y avait-il d'immoral dans *Vautrin* ? Le héros était un forçat; mais le forçat, à tort ou à raison, était alors le personnage typique du drame, comme l'Arlequin de la comédie italienne, comme le Scapin de la comédie française ; Scapin, n'ayant plus de maître grand seigneur à friponner, a bien été obligé de vivre aux dépens du public. Le valet est devenu voleur : Robert-Macaire, c'est Scapin sans place.

Le défaut de *Vautrin* était plutôt de manquer de réalité; certains passages faisaient l'effet du rêve et produisaient l'impression vertigineuse que l'on éprouve à la lecture des *Treize*. Vautrin est proche parent de Ferragus. On est si peu habitué à la fantaisie et au caprice, dans le théâtre moderne, qu'il faut, pour le moindre incident et la moindre sortie, des explications interminables. — Molière n'y regardait pourtant pas de si près: il a besoin d'un bâton, le bâton se trouve tout justement à terre; il lui faut un Turc, voilà un Turc ; un commissaire, donnez un coup de pied dans le mur, il va en jaillir un commissaire comme un diable d'un joujou à surprise. Tous les gens nécessaires à son action passent précisément sur la place publique, commode décoration de ses comédies. — A cela, vous nous répondrez que M. de Balzac n'était pas Molière; c'est juste, il était M. de Balzac, et c'est encore quelque chose.

En somme, on a été injuste envers cette pièce; les mots, les traits y fourmillent. Le troisième et le quatrième acte sont étincelants de plaisanteries drôlatiques, de paradoxes ébouriffants ; il se rencontre çà et là des pages de dialogues dignes de Beaumarchais pour la finesse, la vivacité et le mordant ; il y a là de l'esprit à saupoudrer vingt vaudevilles et autant de mélodrames.

Frédérick-Lemaître fut prodigieux, étourdissant, au-dessus de tout éloge.

C'est décidément, écrivit Th. Gautier, le plus grand comédien du monde : les moindres mots prennent dans sa bouche une profondeur et un accent singuliers, ett de la phrase la plus insignifiante en apparence, il fai, jaillir une lueur fauve inattendue qui éclaire tout le drame. Comme Protée, il prend toutes les formes : tantôt vieux baron allemand, pied bot et bossu ; tantôt ambassadeur mexicain, grand, gros, basané, avec des favoris violents et un toupet pyramidal. Chez lui, à le voir si bonhomme, en pantalon et en veste de nankin avec un chapeau de planteur, vous le prendriez pour Napoléon à Sainte-Hélène ; et tout à l'heure il va se dresser comme un autre Van Amburg, et faire ployer, sous les torrents magnétiques de son regard, toute une ménagerie de forçats en révolte ; ironie, tendresse, fureur, sang-froid : toutes les octaves du clavier ont été parcourues par cet acteur sans rival.

Le 18 avril 1842, les frères Cogniard ayant

rouvert la Porte-Saint-Martin, Frédérick y fut rappelé et y fit son entrée dans *Ruy-Blas*, puis il créa *Paris le Bohémien*, un vieux mélodrame de Bouchardy, plus noir que l'enfer.

C'est vers cette époque que quelques biographes font aller Frédérick au Théâtre-Français.

Il était impossible, dit Mirecourt, dont les biographies ont d'ailleurs le privilége de l'inexactitude, que la Comédie-Française n'appelât point à elle le célèbre artiste. On le fit débuter, rue Richelieu, dans la pièce qui a pour titre *Frédégonde et Brunehaut*. Les anciens de l'orchestre, phalange édentée et classique en diable, cabalèrent en vain contre lui. Sous les applaudissements tumultueux la salle étouffa la rancune de ces vieillards et leurs murmures.

Frédérick, jouant *Othello,* s'éleva comme toujours, à des hauteurs que lui seul peut atteindre.

Certes, l'artiste était à sa place, mais l'homme n'y était plus. Dans la maison de Molière, on a des formes, de la dignité, du savoir-vivre, au moins en apparence, et Frédérick avec ses goûts de cabotinage, son manque de tenue, ses mœurs bachiques, se trouvait là complétement dépaysé, la Comédie Française dut le rendre au boulevard.

Nous avons tenu à reproduire ce passage,

pour montrer jusqu'à quel point l'imagination du biographe peut lui faire dire de sottises. *Tout cela est absolument inexact.*

Au reste, une preuve serait l'aversion qu'il avait pour les sociétaires à cette époque.

Témoin la petite histoire suivante ; nous citons les dates.

Le 13 juillet 1841 les comédiens ordinaires de la Comédie rendaient un grand dîner à leur directeur.

Au milieu du dîner on frappe à la porte.

— Qui va là ? demandent les convives.

— Un homme qui veut enfin vous parler sans fard et vous dire ce qu'il a sur le cœur, s'écrie Frédérick.

Il entre, laisse tomber son manteau et paraît aux yeux des sociétaires vêtu d'un simple faux-col et d'une paire de chaussettes.

Tableau !

XV

Mademoiselle de la Vallière.— Les Mystères de Paris.— Don César de Bazan.— La Dame de Saint Tropez. Miss Helen et Macready. — Un amour d'une semaine.   Frédérick à Londres. — Othello contre Othello. — Suicide de Miss Helen.

Après *Paris le Bohémien* Frédérick reprit quelques-uns de ses meilleurs rôles puis créa *Mademoiselle de la Vallière*, d'Adolphe Dumas.

Adolphe Dumas avait déjà fait représenter à l'Odéon une pièce intitulée : *le Camp des Croisés*, qui avait laissé des souvenirs dans la mémoire des amateurs de beaux vers. *Mademoiselle de la Vallière* était donc intéressante à bien des points de vue, aussi fut-elle religieusement écoutée par le parterre, habitué à des émotions plus violentes.

Frédérick, qui jouait le rôle de Molière, y fut admirable de véhémence, de sensibilité et d'ironie.

Enfin le 19 février 1844 eut lieu la première représentation des *Mystères de Paris*.

Tout le monde avait dévoré *les Mystères de Paris*, même les gens qui ne savaient pas lire : ceux-là se les étaient fait réciter par quelque portier érudit et de bonne volonté ; les êtres les plus étrangers à toute espèce de littérature connaissaient la Goualeuse, le Chourineur, la Chouette, Tortillard et le Maître d'école.

A cette immense curiosité se joignait une crainte bien légitime : on avait peur que la pièce ne fût jouée qu'une fois, comme *Vautrin*. La censure, après avoir fait supprimer trois rôles tout entiers, essaya des transpositions, des adoucissements, des changements, semblait encore hésiter ; et, jusqu'au lever du rideau, on pouvait douter que la représentation eût lieu. Vous sentez à quel point était porté le désir d'assister à cette représentation peut-être unique.

Je laisse encore la parole à Théophile Gautier;
on verra quel y fut le succès de Frédérick.

Quel admirable acteur! Quel sang-froid et quelle passion, quand, sous le nom de Barbe-Rouge, il vient commander un assassinat au Maître d'école ; comme il a la parole froide, brève, aigüe ! comme on sent bien que c'est la cervelle qui parle au bras! Avec quel calme effroyable, au moment où la victime rend le dernier soupir dans l'allée ténébreuse où l'a poussé le Maître d'école, il jette à la poste la fausse lettre qui doit expliquer le crime par un suicide! Et ensuite, quand on le retrouve dans son étude, débarrassé de ses favoris roux, l'air béat et paterne, l'œil amorti par les lunettes, le dos rond, les mains molles et tremblantes, comme cherchant des papiers par un mouvement machinal, le pas lourd et traînant, on a vraiment peine à croire que ce soit le bandit de tout à l'heure, à l'allure ferme, au poitrail carré, au geste impérieux, hure parmi tous ces grouins qui remuent les fanges de la Cité ! De quel air attentif, débonnaire et désintéressé, il écoute les foudroyantes confidences de la comtesse Sara Mac Grégor! Avec quelle rouerie de Shylock, quand il avance au pauvre Morel les 500 francs dont il a besoin, il emprunte à son clerc Germain les 35 francs qui lui manquent pour compléter la somme! Et, lorsque tout le monde est parti, comme il ferme les volets, les serrures, les verrous, pour aller retirer de sa cachette le coffre qui renferme son or! Son or! c'est-à dire tous les vices, tous les plaisirs, toutes les débauches, tous les crimes réduits en petits disques jaunes, rutilants dans l'ombre comme des yeux de lion! Dans ce coffre, il y a tout, des chevaux, des palais, des repas splendides, et la vertu des mères, et la pudeur des filles. Aussi avec quelle volupté démoniaque, quel spasme de tigre mangeant une proie vivante, il plonge dans ce bain fauve ses bras d'athlète, devenus aussi nerveux que ceux de Milon de Crotone! Cet or, ce sont les dépôts attirés par la réputation d'honnête homme qu'il s'est faite, et qu'il ne rendra jamais! Comme, en jetant ses conserves, il a pris subitement une physionomie hautaine, ravagée, effrayante, moitié satyre, moitié Lucifer! A cette transformation soudaine, la salle a éclaté d'applaudissements. Pour comprendre et rendre ainsi un rôle, il faut plus que du talent, il faut du génie. Quelle puissance de séduction, quelle fascination de serpent! et puis quelle rage, quels transports il déploie lorsqu'il peint à Fleur-de-Marie, dans l'île des Ravageurs, la passion irrésistible, inexorable, qu'elle lui inspire! Avec quel accent il lui dit : « Pour te plaire, je serai bon, humain, charitable... réellement, j'aurai toutes les vertus, si tu m'aimes! » Et, voyant que ses supplications prosternées, que ses adorations de sauvage à son fétiche sont inutiles, comme il l'emporte d'un seul geste, d'un seul bond, en maître, en vainqueur, en homme qui redevient lui même! — Dans la scène de l'*aveuglement*, il atteint aux dernières limites de l'effroi : il est beau et terrible comme Œdipe antique.

L'année 1844 fut heureuse.

Un mois après, c'était le *don César de Bazan* de MM. Dumanoir et d'Ennery.

Frédérick avait au fond un peu bien regretté de n'avoir pas joué le don César de Bazan de *Ruy-Blas*.

— Ah! disait-il, voilà un rôle! les belles guenilles!

Il ne s'était pas consolé du rôle bouffon et trivial. Il aimait tant à cumuler dans le domaine des passions! Il avait le double *instinct* de la borne et du palais, du trône et du carrefour. Afin de satisfaire son caprice MM. Dumanoir et d'Ennery prirent à Hugo son personnage comique, comme Frédérick lui prit sa préface. Ils ne pouvaient pas emprunter à un plus riche.

Don César de Bazan fut merveilleux dans un rôle qui était toute la pièce.

Il devait être plus merveilleux encore dans *la Dame de Saint Tropez*, qui fut représentée au mois de novembre de la même année et dont le sujet, les scènes, les types, les personnages se retrouvaient dans un procès qui eut, quelques années auparavant, un immense retentissement. Les noms véritables des acteurs de ce drame sinistre étaient dans toutes les bouches.

Frédérick remua son public, enleva la salle de l'orchestre au paradis !

Il venait de conquérir une nouvelle victoire quand lui arriva le petit roman que voici :

Depuis quelque temps Frédérick voyait assidue, comme l'Anna Damby de *Kean*, une jeune femme blonde, dont le fin profil se découpait tous les soirs, à la même heure, sur les tapisseries sombres qui décoraient l'avant-scène de gauche de la Porte-Saint-Martin. Les premiers temps il la prit pour une simple admiratrice de son talent, puis il finit par attribuer cette persévérance à un sentiment plus tendre et voulut bientôt éclaircir ses doutes.

Il fit suivre la jeune femme par un de ses camarades et il apprit qu'elle demeurait rue de la Paix.

Le lendemain Frédérick se présentait chez elle.

On juge de l'étonnement de la blonde enthousiaste.

— Je suis Frédérick-Lemaître, madame ou mademoiselle, je suis comédien, et partant un peu fat. J'ai bien vite attribué à l'amour votre présence quotidienne au théâtre. Si je me trompe, dites-le moi de suite, que je ne caresse pas plus longtemps un rêve qui m'enchante; si je suis dans la vérité, n'abusez pas de moi et faites en sorte que je réponde le mieux qu'il me sera possible à un sentiment dont je m'efforcerai d'être digne.

On devine aisément quelle fut la stupéfaction de la dame. Mais elle était Anglaise, ne laissa point paraître un trouble exagéré et répondit en se contenant :

— Je ne sais encore si c'est de l'amour, monsieur, mais ce que je puis vous affirmer, c'est que cela a commencé par être de l'admiration. Je suis comédienne, on me nomme miss Helen, je joue depuis cinq ans avec Macready, que j'attends ; à ne rien vous celer, il est mon amant. Je croyais qu'il fût impossible de le surpasser et j'ai vu que je m'étais trompé.

En disant cela elle étalait une rougeur charmante qui n'échappa pas à Frédérick. Miss Helen avait alors vingt ans, et sans être précisément belle, elle était expressive et gracieuse, de cette grâce anglaise un peu maniérée des Keepsakes et des Livres de Beauté. Vous connaissez cela : le sourire vague, l'œil noyé, les cheveux en pleurs, l'épaule onduleuse, des frissons de satin sur les chairs, quelque chose de chiffonné et de miroitant dans la toilette, un hasard souvent heureux de gaze, de rubans et de plumes !

Frédérick se sentit bientôt envahir par tant de grâce et la légende raconte qu'un pacte d'amour fut signé entre miss Helen et lui, c'est l'une qui rédigea le traité et l'autre qui le scella.

Il avait été stipulé, comme condition, que tout serait oublié du jour où Macready mettrait les pieds en France. Ce jour ne se fit pas attendre, un mois après on affichait à la salle Ventadour *Othello* avec l'artiste anglais dans le principal rôle et miss Helen dans celui de Desdemone.

Frédérick avait fait un serment, et pour ne point avoir la tentation de le violer, partit à Londres y conquérir les lauriers que Macready, deux fois son rival, était venu lui disputer en France.

Il y demeura presque une année, y joua la *Mère et la Fille, la Dame de Saint-Tropez, Don César* et *Robert-Macaire.*

Au mois de septembre il se disposait à revenir en France quand il apprit le retour de Macready. Frédérick signa immédiatement un nouveau traité avec son directeur et fit afficher pour le lendemain l'*Othello* de Ducis.

Macready était dans une avant scène avec miss Helen, comme le prince de Galles avec la comtesse de Kæfeld. Plus maître de lui que Kean, il se fit applaudir aux yeux de Macready et à ceux de sa maîtresse d'un jour.

Quel drame se passa alors? nul ne le saura jamais.

Le lendemain miss Helen se jetait dans la Tamise.

XVI

Michel Brémont. — M. Viennet.— *Le Docteur Noir.* – Il retourne à Londres. — *Le Chiffonnier de Paris. Tragaldabas.* Anecdotes. *Toussaint Louverture.* — Lamartine. Histoire de la pièce. Frédérick jugé par Lamartine. — Mlle Lia Félix. Jemma. *Paillasse.* — *Henri III.*

Le 7 mars 1846, il créait à la Porte-Saint-Martin *Michel Brémont* de M. Viennet, sorte d'imitation de *l'Honnête Criminel* de Fenouillot de Falbaire, qui rappelait tous les drames bâtis sur cette donnée. M. Viennet s'était depuis longtemps déclaré l'ennemi né du romantisme. L'auteur des *Philippides* n'obtint qu'un maigre succès. Frédérick qui, contre ses habitudes, avait accepté un rôle d'homme vertueux, eut cependant des soudainetés éblouissantes.

A *Michel Brémont* succéda *le Docteur Noir* (30 juillet 1846).

Au mois de janvier 1847, il retourne à Londres et y reçoit un accueil enthousiaste dans *Don César, la Mère et la Fille, les Mystères de Paris*, puis revient à Paris créer dans *le Chiffonnier de Paris* de Félix Pyat, le rôle du père Jean. Ce fut du fanatisme, de la frénésie. Les claqueurs étonnés, laissaient faire les spectateurs, admirant la force des battements de mains, la sonorité des bravos, l'ensemble de toute cette salle, qui pourtant n'avait pas répété son enthousiasme la veille. Ce soir-là, fut une des preuves les plus convaincantes de la supériorité de la nature sur l'art.

Frédérick apporta dans ce rôle une conscience à toute épreuve. On raconte qu'il alla s'établir, quinze jours durant, dans les cabarets immondes de la rue Mouffetard. Comme il était en train de *canonner* avec ses modèles, afin de mieux approfondir leur caractère et sonder leurs mœurs, il fut reconnu de l'un d'eux, qui alla prévenir ses collègues d'alentour. En un clin d'œil, trois cents chiffonniers se rassemblent.

Ils envahissent le bouge et veulent absolument trinquer l'un après l'autre avec le grand acteur, lui adressant mille félicitations chaleureuses. Frédérick n'eut que le temps de prendre la fuite.

Tragaldabas fut une des dernières créations importantes de Frédérick. On sait si l'œuvre de M. Vacquerie eut le glorieux triomphe d'exciter du vacarme, des vociférations, des trépignements et des sifflets. Les cabales opposées furent au point d'en venir aux mains. Il y avait longtemps que les théâtres n'avaient vu de fureurs pareilles. Après les barricades véritables, les barricades littéraires.

Frédérick s'y montra prodigieux !

Ce fut pendant une des représentations de *Tragaldabas* qu'il se livra à une de ces fantaisies bouffonnes qu'il se permettait si fréquemment en scène.

A certain passage de la pièce, il doit boire du champagne.

Or, les administrations dramatiques, forcées d'être économes, remplacent ordinairement la bouteille d'Aï par un liquide aussi mousseux, mais beaucoup moins agréable au palais. Frédérick porte le verre à ses lèvres, fait une grimace horrible, crache la première gorgée, et s'écrie :

— Le directeur ! dites au directeur de venir me parler !

Grand émoi dans les coulisses. Le directeur arrive.

— Approchez, lui dit gravement le comédien. Quelle est cette mauvaise plaisanterie, monsieur ? Pensez-vous que je sois capable de vous servir de complice et de vous aider à tromper le public ?

— Moi ! fit le directeur confondu.

— Oui, monsieur, oui, vous-même !

Puis, s'adressant au parterre, Frédérick ajoute :

— Messieurs, vous croyez que je bois du champagne ? Eh bien, non, c'est de l'eau de Seltz !

Le public éclate de rire et bat des mains.

— On va vous apporter du champagne, monsieur Frédérick... Un peu de patience !... je vous jure que c'est une méprise, balbutie le pauvre directeur.

Il se retire, et Frédérick, en attendant que le vrai champagne lui soit versé, continue son *speech*, sur l'eau de Seltz et sur le peu de conscience des directeurs.

Ceci, chez lui, n'était pas calculé. Toutes ces boutades échappaient à sa nature exigeante et pleine de passion.

Il avait souvent des sorties moins comiques, et où sa mauvaise humeur était impardonnable.

A la répétition générale de *Toussaint Louverture*, dont nous allons parler, Paris artiste s'était donné rendez-vous. Lamartine était aux premières loges, et la Comédie-Française au grand complet se trouvait là. Frédérick entre en scène ; il parle, il est superbe. Mais tout à coup il lui semble qu'on a placé un décor en sens contraire. Aussitôt, devant un pareil public, il ne craint pas de s'interrompre et de crier, sur le ton le plus arrogant :

— Desgranges, pourquoi ce décor n'est-il pas à sa place ?

Le régisseur interpellé reste dans les coulisses et ne juge pas à propos de répondre.

— Ah çà ! Desgranges, viendrez-vous quand

je vous appelle? reprend l'acteur d'une voix tonnante.

Desgranges se montre enfin, mais pour signifier à Frédérick qu'il n'a pas d'ordres à recevoir de lui. Ce dernier, comme un enfant mutin qu'on remet à sa place, boude et veut quitter la scène. Le directeur est obligé de lui donner des consolations publiques, encore ne parvient il pas à le calmer entièrement.

Pendant les deux actes qui suivent, Frédérick est déplorable.

Enfin il semble oublier Desgranges et le décor. Son énergique talent reprend toute sa puissance. On le trouve admirable de diction, sublime de verve, et Provost, s'oubliant dans son enthousiasme, murmure assez haut pour être entendu de la plupart des spectateurs :

— Sacrebleu ! comme cet animal-là dit bien le vers !

A la représentation générale d'une autre pièce, Frédérick s'arrêta court dans un monologue, déclarant qu'il ne continuerait pas, si l'on n'expulsait à l'instant même des coulisses un pompier qui lui déplaisait.

Nous avons eu, à plusieurs reprises, dans ce livre, l'occasion de démontrer l'amour que notre comédien avait pour les contrastes.

Bocage venait de prendre la direction de l'Odéon. Il offrit à Frédérick un engagement qu'il refusa pour jouer le 6 avril 1850, le *Toussaint Louverture* de Lamartine.

Après Vacquerie, Lamartine !

Après *Tragaldabas*, *Toussaint Louverture* !

Toussaint Louverture remontait à 1840. A cette époque, Lamartine, toujours fidèle à la cause de l'émancipation, toujours à la tribune, toujours applaudi, mais toujours vaincu dans la Chambre des députés, résolut de s'adresser à un autre auditoire, et de populariser cette cause de l'abolition de l'esclavage dans le cœur des peuples, plus impressionnable et plus sensible que celui des hommes d'État. Il écrivit en quelques semaines de loisir à la campagne, non la tragédie, non le drame, mais le poëme dramatique et populaire de *Toussaint Louverture*, conçu pour les yeux des masses plutôt que pour l'oreille des classes d'élite, au goût raffiné, ce qui explique la nature de ses imperfections.

C'était une pièce d'optique à laquelle il fallait la lueur du soleil, de la lune et du canon.

Diverses circonstances et diverses questions plus urgentes de politique lui firent oublier cette composition ébauchée. Dans un de ses voyages aux Pyrénées, en 1842, il perdit une partie de ses papiers; *Toussaint Louverture* était du nombre. Quelques années après il le retrouva dans sa cave, servant de bourre à un panier de vin de Jurançon. Il le relut et le rejeta dans l'immense rebut de ses vers.

Après la République, M. Michel Lévy lui offrit d'acquérir un volume de drame enfoui dans ses portefeuilles. Lamartine accepta. Michel Lévy avait le droit de faire représenter *Toussaint Louverture* et le fit recevoir au théâtre du la Porte-Saint-Martin.

Un grand acteur, écrivit plus tard Lamartine, a voilé sous la splendeur de son génie les imperfections de l'œuvre. Le public n'a vu que Frédérick Lemaître; l'auteur a heureusement disparu derrière l'acteur. Le drame a été oublié; le grand comédien a été applaudi, il a grandi et j'ai été sauvé d'une chute que j'avais méritée et acceptée d'avance. Tout est bien.

Les artistes de la scène sur laquelle ce drame a été représenté méritent plus que moi la reconnaissance des compatriotes de Toussaint. Ils ont encadré mes faibles vers dans tout le luxe d'art qui pouvait suppléer à l'insuffisance du tableau. Les vers sont à moi, le drame est véritablement à eux. Bien que je ne doive pas récidiver, je l'espère, et que je ne sois qu'un auteur dramatique d'une soirée, il convient que je fasse comme mes confrères en poésie, et que je dise, après le rideau baissé, ce que j'ai éprouvé aux premières représentations, caché au fond d'une seconde loge, en voyant marcher, parler et agir sur la scène, ces vers personnifiés dans des hommes, dans des femmes, dans des enfants, dans des jeunes filles qui semblaient m'être renvoyés des régions de l'imagination comme les fantômes incarnés de mes conceptions. Le public leur a payé en applaudissements ce que je leur dois en reconnaissance.

Frédérick Lemaître a été le Talma des noirs, un Talma des tropiques, un grand dessinateur, d'un caractère plus sauvage, plus ému, plus explosible que le Talma de Tacite, que nous avons vu chez nous se poser, marcher, penser et parler comme la statue vivante de l'histoire classique. C'est bien de Frédérick-Lemaître que le public a pu dire ce que les Français disaient de Toussaint :

Cet homme est une nation.

Une jeune fille, sœur de Mlle Rachel, dont le nom

impose la responsabilité du don théâtral, a bien porté, quoique si enfant, ce nom de famille, si écrasant pour la scène. Mlle Lia Félix a eu le souffle du tropique dans la poitrine, le cri de la liberté dans la voix, la fibre de l'amour filial dans le cœur, il ne lui manque que des années pour avoir en émotion ce que sa sœur a en génie. Jemma a déguisé sous son talent, la nullité d'un rôle ingrat, et les lacunes d'un mauvais acte qui remplit la scène sans la passionner. Tous les autres personnages ont concouru à l'œuvre avec zèle et désintéressement d'amour-propre, dans la proportion de leurs trop faibles rôles. Un compositeur intelligent et sensible a associé la musique aux vers, il a trouvé des notes qui préludaient merveilleusement aux émotions que j'aurais voulu produire; enfin, le théâtre a véritablement protégé l'écrivain. Mon seul mérite est de l'avouer. Je dois au théâtre de la Porte-Saint-Martin de la reconnaissance, le public lui doit de l'estime; les spectateurs et les lecteurs ne me doivent à moi que le pardon.

(*Paris*, 15 *avril* 1850.)

Toussaint Louverture n'eut qu'un succès médiocre.

Au mois de novembre de la même année, Frédérick passa à la Gaieté, et joua *Paillasse*, de MM. Marc Fournier et d'Ennery.

Paillasse, c'était Frédérick. Jamais on ne fut plus saltimbanque. Il n'est pas un bateleur qui ne lui eût envié sa voix criarde, trempée d'eau-de-vie, enrouée et glapissante. On sentait qu'il cachait dans sa valise des redingotes à brandebourgs, plus soutachées aux manches que des pantalons de tambour-major, avec des lacets de ganse pendant à des olives décousues; évidemment, il devait arracher les molaires à la pointe du sabre, et vendre du vulnéraire suisse et des fioles d'huile incomparable pour la chute des cheveux.

Le drame de *Paillasse*, qui obtint un succès immense, fut suivi des reprises de *Robert-Macaire*, de *Ruy-Blas*, de *Trente Ans* et d'*Henri III* dans lequel il joua le duc de Guise.

XVII

Le Roi des Drôles. — Taconnet. Le Vieux Caporal. La Bonne Aventure. — André Gérard. — Le Maître d'École. — Le Marchand de Coco. — Les Saltimbanques. — Odry. Le Comte de Saulles. — La dernière heure des comédiens. — Le Père Gachette. — Le Crime de Faverne. Un Lâche. — Le Portier du n° 15. — Marie Tudor. — Vanité des Vanités! — Hic Jacet!

En 1852, Frédérick reparut aux Variétés dans *le Roi des Drôles* et dans *Taconnet*, deux vaudevilles médiocres qui eurent grand'peine à être sauvés d'un insuccès mérité par le talent de leur interprète.

Son apparition sur cette scène fut de courte durée. Il retourna bien vite au drame et joua en 1853, à la Porte-Saint-Martin, *le Vieux Caporal*, dans lequel il représentait un personnage muet.

L'auteur avait voulu tirer parti de l'éloquente mimique du comédien. Il créa ensuite, en 1854, *la Bonne Aventure*, au théâtre de la Gaieté. Il commençait à vieillir terriblement, et cependant, dans cette *Bonne Aventure*, la portion de son âme restée attachée à son corps comme par un ancre, lui suffisait pour arriver à de terribles effets, à de violentes émotions. Ce n'était plus l'âme entière de Frédérick, ce n'était plus que le *reste* de Frédérick, mais un reste encore admirable et d'une telle puissance que les plus jeunes et les plus habiles n'auraient su y atteindre.

Laissez-moi vous citer ce passage du feuilleton que lui consacra Jules Janin.

Malheureux artiste, et tout-puissant, et vaincu! âme *enflambée* et haletante de colère, de tendresse, de passion! quand j'assiste aux efforts suprêmes de cette intelligence admirable, quand je vois cette lutte ardente de l'esprit contre le corps qui l'anime, et que je me rends compte et que je contemple cette ruine éclatante du monument victorieux que j'admirais dans ma jeunesse, il me semble que moi aussi, je rêve, et que j'ai sous mes yeux éblouis un fantôme. Hélas! le

voilà donc le fantôme de mes belles années! le rêve
des jeunes poëtes! l'idéal des vaillantes rencontres
poétiques! l'aventurier de M. Victor Hugo, l'amoureux
de la Thisbé, le mélancolique et passionné sir de
Ravenswood! Il était notre fête, notre joie et notre
orgueil! Il répondait à tous les noms de l'histoire,
il portait toutes les écharpes, il se battait contre toutes
les épées! Il était le sourire, il était la vaillance, il
était la douleur, il était le charme! il allait, d'un pas
égal, sur les ronces et sur les fleurs, à l'abîme, à la
gloire, à la bataille et au meurtre, à la mort, à l'amour!
Sa voix nous remplissait de fièvre et son regard
d'épouvante! il était la passion, l'amour, la vengeance
et l'inspiration! il était le héros! il était l'écolier, il
était le démon, il était Ruy Blas, et sa voix, à réciter
ces mélodies, était un enchantement. Souvent, dans sa
voix ardente, il traînait avec lui une forme, une voix,
une douleur, une passion.. la Dorval!

. . . .

Mais si nous portons envie à l'artiste mort à son
heure, nous ne saurions trop rendre grâce à l'artiste
excellent, qui ne veut pas mourir! Frappé dans son
œuvre, il se relève, et le voilà vainqueur de l'obstacle!
Ainsi, à deux ou trois reprises, dans ce rôle manqué,
si malheureusement manqué de Taconnet, Frédérick
Lemaître a bien lutté; il s'est bien débattu contre
l'impossible : on le disait fini!... il a voulu montrer
que ces rares et excellentes natures ne rendent pas

les armes pour si peu! Cet homme est un comédien acharné à sa proie, il a la volonté et les appétits d'un géant, il ne comprend pas que la terre puisse lui manquer, il ne veut pas reconnaître que le temps a la main pesante, il porte un défi implacable à ces entraves que l'âge amène avec soi; et rien ne le gène, rien ne lui fait peur; il mourra debout; il mourra après un grand triomphe!

La même année, Frédérick créait *André Gérard* de Victor Séjour, à l'Odéon. Il remporta un immense succès, mais il y avait loin de là au triomphe prédit par Jules Janin.

Ce grand triomphe, il ne le trouva ni à l'Ambigu-Comique, où il joua en 1859 *le Maître d'École* et *le Marchand de Coco;* ni au Palais-Royal, où malgré sa promesse il eut la faiblesse de reprendre, en 1865, dans *les Saltimbanques*, le rôle de Bilboquet si admirablement tenu par Odry; ni enfin, dans *le Comte de Saulles*, représenté au théâtre de l'Ambigu-Comique le 6 avril 1864.

Il y a une heure, c'est triste à dire, — où les artistes devraient mourir; ceux-là surtout qui ont touché le ciel, devraient replier leurs ailes et ne plus redescendre sur terre. Cette vérité s'applique principalement aux comédiens. Quand on les a connus jeunes et superbes, à toutes voiles, dans la maturité de leurs talents et de leur beauté, il est vraiment par trop pénible de les trouver vieux et décrépits, se traînant encore sur les planches d'un théâtre quelconque. Le sculpteur dont la main tremble, le peintre dont les doigts ont perdu leur agilité, le chanteur dont le gosier n'a plus de souplesse, saluent la foule et redeviennent de simples mortels. Seul le comédien résiste. Il veut défier les ans et se figure que sous sa perruque et son fard les marques implacables de la vieillesse disparaîtront à tout jamais.

Il est arrivé pour Frédérick ce qui est arrivé pour Déjazet. Poussé par le besoin de vivre, et par la nostalgie des planches, — le théâtre porte le spleen dans les plis de son rideau, — il a voulu jouer quand même. Au lieu de prendre sa retraite en 1864, après *le Comte de Saulles*, abusant de la puissance qu'il avait conservée sur le public, il reparut sur diverses scènes, soit dans la reprise de quelques-uns de ses anciens rôles, soit dans des rôles nouveaux. En 1867, nous le voyons aux Folies-Dramatiques dans *le Père Gachette*, et vers la même époque à l'Ambigu dans *le Crime de Faverne*.

Pendant le siége de Paris, dans une matinée littéraire consacrée à la lecture des *Châtiments*, il dit avec une simplicité émouvante le chef-d'œuvre intitulé : *Souvenir de la nuit du 4*. Ces dernières années, il donna quelques représentations de ses anciens rôles et en créa à l'Ambigu-Comique deux nouveaux, le rôle du père dans *Un Lâche*, drame de Touroude, et *le Portier du n° 15*, où, malgré l'affaiblissement de ses moyens physiques, sa mimique expressive produisait une grande impression. Son dernier rôle fut celui du Juif dans *Marie Tudor*, reprise à la réouverture du nouveau théâtre de la Porte-Saint-Martin, en septembre 1873.

Le public d'hier s'imagina tout d'abord qu'en retrouvant le comédien des beaux jours, il allait rentrer en même temps, dans la grâce et dans les bonheurs de la vingtième année.

O vanité des vanités! c'est surtout le vieux comédien qui est une vanité!

Il se montre enfin, c'est lui-même ; on le reconnaît à peine ; il joue. — Ah ! le bon homme, et qu'il est changé ! disent les contemporains, ce que c'est que de nous ! Puis chacun de s'enfuir en toute hâte, comme s'il avait vu l'ombre de son grand-père ; et le lendemain de cette grande résurrection, si vous saviez les gorges chaudes de la présente jeunesse à propos de ce vieillard !

Grands dieux ! disent-ils, nos parents sont fous, avec leur admiration pour ces débris, et pourquoi diable les comédiens ont-ils oublié de se faire enterrer ! Quoi ! ce serait là le célèbre Frédérick ? Éloignez-vous, spectre, laissez-nous, fantôme !... Ainsi dit la jeunesse ; et nous sommes dans notre droit.

« Notre âge est sans pitié. »

Cependant le héros de cette rentrée intempestive, ce vieux reste de comédien que le public a supporté, et même applaudi le premier jour, devinant ce mépris, se demande en tremblant, si c'est à lui qu'on en veut, et ce qu'il a fait pour déplaire à ces gens-là ? — Ce n'est pas à toi, vieillard, que s'adressent tant de répugnances, c'est à ta vieillesse. Quel est l'homme qui vieillira plus vite, que celui dont la vie entière est en spectacle ? Les passions qu'il représente sont bornées, les événements dans lesquels il s'agite sont comptés, il a eu chaque jour une passion nouvelle ; il agit pendant que les curieux se regardent, il parle pendant que les oisifs se taisent, il marche, et les spectateurs sont assis ; il est bien vite au bout de son compte, il a bientôt touché le *hic jacet !*

XVIII

Sa maladie. — Sa mort. — Les obsèques. — Discours de Victor Hugo — Discours de M. Eugène Moreau. — Discours de M. Ferdinand Dugué. — Poésie de M. Jean Richepin. Mounet-Sully. — Épilogue.

Frédérick-Lemaître tomba malade au commencement du mois de décembre 1875. Il commença par avoir une sorte de paralysie de la langue. A la paralysie succéda une douleur aiguë; un ulcère venait de se déclarer. On lutta, en vain, contre le mal. Le jour arriva où l'on parla d'amputation ; mais l'état toujours de plus en plus faible du vieillard fit hésiter les médecins, qui s'y décidèrent trop tard.

Le mercredi 26 janvier 1876, il rendait le dernier soupir.

Il mourait d'un ulcère à la langue.

Le grand parleur !

Il succombait à la faim.

Le grand viveur !

Quelle horrible ironie du mal !

La mort avait été implacable.

Frédérick s'éteignit entouré de ses enfants, MM. Napoléon et Frédérick-Lemaître, et madame Thiébaut, sa fille.

Quelques instants avant l'heure suprême, il exprima par une pantomime extraordinaire la douleur qu'il ressentait de se séparer de ceux qu'il aimait. Puis, après avoir considéré quelques instants le portrait de son plus jeune fils, Charles Lemaître, mort si tristement, il y a quelques années, il porta sa main gauche à sa bouche, la droite était déjà paralysée, et ferma les yeux.

Nous sommes allé rendre une dernière visite au grand comédien.

Il était superbe !

La belle tête que vous savez avait conservé cette grande expression qui en imposait tant au théâtre. Ses cheveux gris lui faisaient comme une auréole, et ses yeux, qui n'étaient pas fermés, semblaient poursuivre une idée.

En face de son lit, sur une commode, on voyait entr'ouvert le second volume du théâtre de Victor Hugo.

Les obsèques eurent lieu le samedi 29 janvier, à midi. Jamais on n'avait vu pareille foule. Tout Paris littéraire et artiste était là.

A midi précis, le corbillard s'est mis en marche et s'est dirigé vers la petite église Saint-Martin, où l'on ne pénétrait qu'avec peine et où pouvaient entrer seulement les invités qui avaient eu soin de se munir de leurs lettres de faire part. Le service a duré une heure et demie. Faure et Bosquin ont chanté.

Les deux fils du défunt et M. Thiébaut, son gendre, conduisaient le deuil.

Les cordons du poêle ont été tenus alternativement par MM. Victor Hugo, baron Taylor, Halanzier, Lajoncière, Febvre, Dupuy, Ferdinand Dugué, vice-président de la Commission des auteurs, Eugène Moreau et Surville.

Le corps a été transporté au cimetière

Montmartre, en suivant le boulevard Magenta et les anciens boulevards extérieurs.

Au cimetière, les arrivants ont trouvé toutes les places environnant l'étroit espace où allait avoir lieu la cérémonie, envahies par les curieux avisés au nombre de plus de cinq mille.

Victor Hugo a pris le premier la parole.

Après M. Victor Hugo, M. Eugène Moreau a parlé au nom de l'Association des artistes dramatiques.

Puis M. Ferdinand Dugué s'est fait l'interprète de la Société des auteurs. C'était, disons-le, la première fois que cette Société se faisait représenter officiellement aux obsèques d'un comédien. Mais qui méritait mieux de déterminer cette dérogation aux usages que l'illustre Frédérick?

M. Mounet-Sully, de la Comédie-Française, a dit ensuite de très-beaux vers de M. Richepin.

Nous reproduisons les discours et les vers :

DISCOURS DE VICTOR HUGO.

« On me demande de dire un mot. Je ne m'attendais pas à l'honneur qu'on me fait de désirer ma parole ; je suis bien ému pour parler ; j'essaierai pourtant.

« Je salue dans cette tombe le plus grand acteur de ce siècle, le plus merveilleux comédien peut-être de tous les temps.

« Il y a comme une famille d'esprits puissants et singuliers qui se succèdent et qui ont le privilége de réverbérer pour la foule et de faire vivre et marcher sur le théâtre les grandes créations des poëtes ; cette série superbe commence par Thespis, traverse Roscius et arrive jusqu'à nous par Talma ; Frédérick-Lemaître en a été, dans notre siècle, le continuateur éclatant.

« Il est le dernier de ces grands acteurs par la date, le premier par la gloire. Aucun comédien ne l'a égalé, parce qu'aucun n'a pu l'égaler ; les autres acteurs, ses prédécesseurs, ont représenté les rois, les pontifes, les capitaines, ce qu'on appelle les héros, ce qu'on appelle les dieux ; lui, grâce à l'époque où il est né, il a été le peuple. Pas d'incarnation plus féconde et plus haute. Étant le peuple, il a été le drame ; il a eu toutes les facultés, toutes les forces et toutes les grâces du peuple ; il a été indomptable, robuste, pathétique, orageux, charmant ; comme le peuple; il a été la tragédie et il a été aussi la comédie.

« De là sa toute-puissance ; car l'épouvante et la pitié sont d'autant plus tragiques qu'elles sont mêlées à la poignante ironie humaine. Aristophane complète Eschyle ; et ce qui émeut le plus complétement les foules, c'est la terreur doublée du rire. Frédérick-Lemaître avait ce double don ; c'est pourquoi il a été, parmi tous les artistes dramatiques de son époque, le comédien suprême.

« Il a été l'acteur sans pair. Il a eu tout le triomphe possible dans son art et dans son temps ; il a eu aussi l'insulte, ce qui est l'autre forme du triomphe.

« Il est mort. Saluons cette tombe. Que restet-il de lui aujourd'hui ? Ici-bas un génie. Là-haut une âme.

« Le génie de l'acteur est une lueur qui s'efface : il ne laisse qu'un souvenir. L'immortalité qui appartient à Molière poete n'appartient pas à Molière comédien. Mais, disons le, la mémoire qui survivra à Frédérick-Lemaître sera magnifique ; il est destiné à laisser au sommet de son art un souvenir souverain.

« Je salue et je remercie Frédérick-Lemaître. Je salue le prodigieux artiste ; je remercie mon fidèle et superbe auxiliaire dans ma longue vie de combat. Adieu, Frédérick Lemaître !

« Je salue en même temps, car votre émotion profonde, à vous tous qui êtes ici, m'emplit et me déborde moi-même, je salue ce peuple, ce peuple qui m'entoure et qui m'écoute. Je salue en ce peuple le grand Paris. Paris, quelque effort qu'on fasse pour l'amoindrir, reste la ville incomparable.

« Il a cette double qualité d'être la ville de la révolution et d'être la ville de la civilisation, et il les tempère l'une par l'autre. Paris est comme une âme immense où tout peut tenir. Rien ne l'absorbe tout à fait, et il donne aux nations tous les spectacles. Hier il avait la fièvre des agitations politiques ; aujourd'hui le voilà tout entier à l'émotion littéraire : à l'heure la plus décisive et la plus grave, au milieu des préoccupations les plus sérieuses, il se dérange de sa haute et laborieuse pensée pour s'attendrir sur un grand artiste mort.

« Disons-le bien haut, d'une telle ville on doit tout espérer et ne rien craindre ; elle aura toujours en elle la mesure civilisatrice, car elle a tous les dons et toutes les puissances ; Paris est la seule cité sur la terre qui ait le don de transformation, qui, devant l'ennemi à repousser, sache être Sparte, qui, devant le monde à dominer, sache être Rome, et qui, devant l'art et l'idéal à honorer, sache être Athènes. »

DISCOURS DE M. EUGÈNE MOREAU.

Après la parole que vous venez d'entendre, qui donc essaiera de se faire écouter ?

Celui qui se sent soutenu par le sentiment d'un devoir à accomplir.

Il appartenait à la main qui a jeté sur les épaules de Frédérick la casaque de Ruy-Blas d'être la première à l'envelopper dans son linceul.

Je viens au nom de l'Association des artistes dramatiques saluer dans sa tombe le plus illustre de ses adhérents : Frédérick-Lemaître.

Frédérick-Lemaître ! que de rôles multiples, que de triomphes éclatants s'éveillent en foule à ce nom ?

Il eut des commencements obscurs, disent ses biographes. C'est la part commune, à quelques rares exceptions près ; mais pour lui ces commencements durèrent peu, et tout jeune encore — il n'avait que vingt-trois ans — il s'empara d'une place qu'on a pu lui disputer quelquefois, qu'on n'a jamais su lui ravir.

Qu'importe qu'il ait figuré dans un théâtre infime et joué dans des pantomimes burlesques ; il n'y a qu'à glisser sur ces préliminaires, aussi bien que sur ses débuts à l'Odéon.

Vous figurez-vous l'acteur, puissant et original, garrotté dans la toge de ces pâles confidents de tragédie, ne devant se mouvoir que dans un cercle restreint, se tenant constamment à portée de bras du héros principal et consumant vainement ce qui peut bouillonner en eux d'intelligence et d'initiative, afin de ne pas sortir de la pénombre où les tient ce qu'on appelle au théâtre, la tradition.

Il est peu croyable qu'au moment où Frédérick donnait modestement la réplique aux premiers rôles tragiques, quelque amateur plus clairvoyant devinait son avenir en se disant, ce qui est de vérité au théâtre plus que partout ailleurs : Qui peut le plus ne peut pas toujours le moins.

Un seul l'avait pressenti. Il est vrai qu'il se nommait Talma.

La résignation de Frédérick fut de courte durée.

L'Ambigu lui offrit un engagement. Comme le Cid, son coup fut un coup de maître.

Il créa le rôle de Bohermann dans *Lisbeth ou la Fille du Laboureur*, et Frenoy, alors en possession de l'emploi, avec un rare bon sens dont il faut lui savoir gré, céda sans murmurer la place à son jeune rival, un vainqueur contre lequel il ne pouvait lutter.

Il joua ensuite *Cardillac, Cartouche,* le *Vieil Artiste,* le *Cocher de Fiacre* et cette fameuse *Auberge des Adrets* où, grâce à sa prodigieuse originalité, d'un rôle jeté dans un moule banal il tira ce Robert-Macaire, devenu la personnification d'une époque.

La Porte-Saint-Martin, alors comme aujourd'hui le premier des théâtres du boulevard, l'appela à elle. Edgard de Ravenswood, dans *Lucie de Lammermoor*, le montra sous une face nouvelle. De par les rôles qu'il avait joués jusque-là, on lui déniait la tenue, la distinction, le charme. Il prouva triomphalement à ses critiques que rien de ce qui contribue à grandir un artiste ne lui était étranger. Il était constamment ce qu'il voulait être.

Trente Ans ou la Vie d'un joueur, ce drame terrible

qui serait sans rival si le style répondait à sa conception, consacra son indestructible popularité.

Sept Heures et *Rochester* le maintinrent au rang qu'il avait conquis.

Une contestation à propos du rôle de Marino Faliero, qu'on lui enleva après le lui avoir promis, lui fit abandonner la Porte-Saint-Martin pour l'Ambigu où, ne faisant que passer, il retourna à l'Odéon, mais cette fois en triomphateur.

Pour le prouver, il suffit de citer trois des rôles qu'il y établit : Duresnel, de *la Mère et la Fille*, Concini, de *la Maréchale d'Ancre*, et le *Napoléon* d'Alexandre Dumas.

Est-ce à ce moment, est-ce plus tôt qu'il fut question de lui au Théâtre-Français ? Peu importe. Qu'on l'y ait appelé, cela n'a rien d'extraordinaire. Qu'il n'ait pu y entrer, cela n'étonnera personne. Pas plus que lui le théâtre ne fut coupable. Il y a dans la maison de Corneille et de Molière un respect du droit acquis, des habitudes correctes, incompatibles avec la nature étrange, avec la fougue indomptable et indomptée de Frédérick.

Ne faut-il pas s'en réjouir d'ailleurs ? Qui eût comme lui joué *Richard d'Arlington*, *Lucrèce Borgia*, *le Marquis de Brunoy*, *Kean*, après avoir signalé son passage sur une scène plus que secondaire par cette humoristique épopée de *Robert-Macaire*, dont il était l'un des auteurs et où il s'incarna si profondément, qu'on le croyait désormais inapte à jouer d'autres rôles?

Vous savez comment il répondit à ces injustices. En se transfigurant — c'est le mot du poëte, — dans *Ruy-Blas*, à l'inauguration du théâtre de la Renaissance.

Simple, touchant, élevé, terrible, profond, admirable du premier au dernier vers, pas une romance de ce rôle écrasant ne lui échappa.

Il y a de cela quarante ans environ. Beaucoup de ceux qui l'acclamèrent se souvenaient de Talma. Pour ceux-là Talma était retrouvé. Pour nous, jeunes alors, qui ne pouvions nous rappeler avoir jamais entendu rien d'aussi merveilleux, nous nous disions que son nom était une prédestination et qu'on ne pouvait l'appeler autrement que Frédérick-Lemaître.

Le caractère prédominant de son génie c'était de faire au spectateur une illusion complète. L'interprétation de son rôle semblait une inspiration soudaine où rien ne trahissait l'étude et le travail. L'acteur se fondait dans le personnage. Il avait des inégalités voulues, des ombres rendant les rayons plus lumineux. Toutes ses facultés intellectuelles étaient absorbées par le théâtre. Il était le théâtre même. Rôles bouffons, rôles dramatiques, tout ce qui lui a passé par les mains a été marqué au sceau de sa puissante individualité.

A dater de *Ruy-Blas* il ne put grandir. Mais un pareil rôle suffirait à une carrière d'artiste. Rappelez-vous tous ceux qui viennent d'être cités. Rappelez-vous tous ceux qui suivirent. Les œuvres ne sont pas à la hauteur de *Ruy-Blas*, mais le comédien sut ne pas descendre.

Don César de Bazan, Jacques Ferrand des *Mystères de Paris*, *la Dame de Saint-Tropez*, *Paillasse*, *le Vieux Caporal*, *le Maître d'école*, *le Comte de Saulles*, *le Crime de Faverne*, vingt autres sont autant de fleurons qu'on ne peut détacher de sa couronne.

On l'a dit: Frédérick eût dû se retirer et ne pas compromettre sa renommée en montrant à un public nouveau l'acteur vieilli, affaibli, diminué. Ceux qui ont ainsi parlé ne savent pas ce que c'est qu'un comédien. Non pas seulement un comédien, un artiste quel qu'il soit. Qui donc se résigne à se perdre dans l'ombre après avoir flamboyé d'une si éclatante lumière? Qui donc accepte cette mort par anticipation qu'on appelle l'oubli? Il en est, répond-on. Admirons-les sans trop blâmer ceux qui ne peuvent les imiter.

L'acteur qui a vécu de bravos et de succès se souvient de ses prédécesseurs. Il a entendu contester leur supériorité par ceux qui, ne les ayant jamais connus, se refusent à en croire leurs contemporains. Il en sera ainsi de lui, il en a peur, et chaque fois qu'il peut se remettre en face de ce public dont il fut l'idole, il saisit avidement cette occasion. « Je suis moindre peut-être, lui dit-il, mais par ce que je suis encore, jugez ce que je fus. » Le condamne qui voudra, nous ne pouvons que l'absoudre.

Hâtons-nous de le dire, d'ailleurs, à chacune de ses réapparitions, Frédérick fut accueilli de telle sorte qu'il serait pleinement justifié s'il avait besoin d'une justification.

La prononciation qui, chez lui, du reste, avait toujours été le côté faible, lui faisait défaut ; mais l'œil avait toute sa puissance et le geste toute son ampleur. Ce talent amoindri n'avait plus que des éclairs, mais ces éclairs aveuglaient encore. On l'appelait le vieux lion. Soit! mais à ce lion personne n'avait rogné les ongles et quand il secouait sa puissante crinière il la secouait royalement.

Nous n'avons parlé que du comédien, laissant à dessein de côté les anecdotes plus ou moins légendaires sur l'homme privé. Celui-ci ne nous appartient en aucune façon. Puis de pareils génies ne se mesurent pas sur le patron des multitudes. Il nous est toutefois enjoint de dire que, membre de la Société des artistes dramatiques, il donna des preuves réelles de son dévouement en versant dans la caisse de secours, les dommages qui lui furent alloués à la suite d'un procès qu'il venait de gagner.

Les derniers moments de Frédérick ont été terribles. Cette nature vigoureuse n'a pu succomber qu'après des tortures sans nom. Aujourd'hui, le voilà dans le repos. Pour lui, la postérité commence, car nous ne pouvons nous résoudre à cette pensée que son nom se perdra comme celui de tant d'autres.

Nous savons bien que de l'acteur rien ne reste. Mais il nous semble que cet oubli fatal ne saurait être son partage. On doit toujours vivre dans la mémoire des hommes, quand on a associé sa gloire à la gloire des Alexandre Dumas et des Victor Hugo.

DISCOURS DE M. FERDINAND DUGUÉ.

Quels deuils! messieurs, quelles pertes irréparables pour le théâtre en moins d'une année! Hier Mélingue et Déjazet, aujourd'hui Frédérick, le plus éminent, le plus admiré de tous, le merveilleux créateur de *Gennaro*, du *Joueur*, de *Richard d'Arlington*, de *Kean*, de *Don César* et de *Ruy-Blas!*

On a souvent dit que le comédien mourait tout entier, ne laissant après lui qu'une sorte de renommée impalpable et toujours décroissante : c'est là une erreur qu'il importe de rectifier et de combattre, surtout au bord de la fosse où gît cet artiste sans rivaux, cette personnalité toute-puissante dont la disparition va faire dans l'art dramatique un si grand vide ; ici plus qu'ailleurs c'est un devoir d'affirmer hautement que le comédien se survit à lui-même! S'il n'a pas le livre comme l'écrivain, la toile comme le peintre, le marbre comme le sculpteur, il a, pour perpétuer son talent et sa gloire, quelque chose d'aussi fort, d'aussi vivace peut-être : la tradition!

Oui, la main est glacée, la bouche muette, l'œil éteint, mais qui donc pourrait oublier jamais ce geste, cette voix et ce regard souverains qui nous ont tant de fois émus, charmés, transportés, et dont le souvenir se transmettra, intact et fidèle, à ceux qui viendront après nous ! C'est qu'en effet rien ne s'efface, rien ne s'amoindrit, rien ne se perd de ce qui fit la force et l'originalité de ces maîtres !... de pareils talents font école ! Si on ne peut les imiter on s'en inspire, et il y a toute une série d'études fécondes dans ces simples mots : *Vous rappelez-vous comme il disait cela !...* C'est ainsi que les moindres détails de l'attitude et du costume, les nuances les plus délicates de l'intonation et de la physionomie dans tel ou tel rôle, le photographient pour ainsi dire dans la mémoire de chacun et l'éternisent par le souvenir ! Donc, le nom de cet homme ne périra pas plus que son œuvre et on dira toujours Frédérick comme on dit Talma, car leur génie les fait immortels !...

Adieu, Frédérick ! Je te salue au nom des auteurs dramatiques qui viennent de perdre en toi le plus illustre de ces vaillants interprètes auxquels leurs œuvres doivent, sans contredit, une grande part de succès et de renommée !... Adieu ! tu emportes les regrets de tout ce qui est le théâtre, et si on pouvait réunir à ces couronnes dernières toutes celles que te valurent tes innombrables triomphes, elles suffiraient à te faire un mausolée royal.

A FRÉDÉRICK

POÉSIE DE M. JEAN RICHEPIN, DITE PAR M. MOUNET-SULIY

Salut, maître! salut, géant! salut, génie!
Nous devions saluer la gloire non finie
Et couronner ton front, hélas! C'était demain.
Mais la Mort est venue avec sa froide main,
Soustraire la couronne à ton grand front qui tombe,
Et nous ne pouvons plus saluer que la tombe.
N'importe! nous dirons, fût-ce même en pleurant,
Combien nous t'admirions et combien tu fus grand.
Nous dirons quelle était l'ampleur de ton domaine,
Et que les passions de la pauvre âme humaine,
Toutes, les vœux, les cris, des gueux comme des rois,
Ont chanté tour à tour et pleuré par ta voix.
Ton esprit, où la vie avait mis sa semence,
Communiquait, ainsi qu'un carrefour immense,
Aux ruelles sans nombre, aux passages obscurs,
D'où l'on voit déboucher, grouillant entre les murs,
Ceux-ci pieds nus, ceux-là faisant sonner leurs bottes,
Brandissant des poignards, secouant des marottes,
Criant, riant, priant, et se tordant les mains :
Le troupeau des vertus et des vices humains.

Vous représentez-vous tout ce que fut cet homme,
Et ce qu'il a vécu d'existences, en somme?
Etre Napoléon, Othello, Buridan,

Kean, Méphistophélès, don César de Bazan,
Et passer, oubliant ce qu'on était naguère,
De Paillasse à Vautrin, de Ruy Blas à Macaire ;
Etre tout, sentir tout, avoir autant de voix
Qu'il est d'astres au ciel et de feuilles au bois ;
S'incarner tous les jours, prendre cent effigies
Comme les anciens dieux dans les mythologies ;
Se dire que tout l'homme habitait ce front-là,
Et qu'il n'eut qu'un seul cœur pour porter tout cela !

Ah ! le monde qui vient au théâtre et s'amuse
Ne sait pas ce que coûte un baiser de la Muse,
Quelle amertume il laisse et quels déchirements
Dans les grands cœurs blessés qu'elle a pris pour amants
Non, vous ne savez pas qu'à son front de monarque
Dans la couronne d'or l'épine a fait sa marque,
Et que son grand manteau de pourpre éblouissant
Est rouge d'avoir bu le plus pur de son sang.

Non, vous ne savez pas qu'il faut souffrir sans trêve
Pour donner une forme, une vie à son rêve.
Que la fleur idéale a pour sève les pleurs,
Que les enfantements sont toujours des douleurs.
Et maintenant, qui donc te jettera la pierre,
Disant que tu devais courber ta tête altière
Et vivre comme nous pris sous un joug étroit?

O génie ! après tout, n'avais-tu pas le droit
Pour apaiser ta faim de vivre inassouvie,
Toi qui donnais ton cœur, de dépenser ta vie?

A-t-on vu les lions ramper sur les genoux,
Et les dieux sont-ils faits pour marcher comme nous ?
Va donc, dors ton sommeil dans un linceul de gloire,
Ton nom enrichira l'écrin de notre histoire.
Toi qui roulais, ainsi qu'un fleuve aux larges flots,
Avec un bruit d'éclats de rire et de sanglots,
Te voilà dans la Mort, dans cette mer immense ;
Pour la première fois en toi la paix commence.
Mais avec le repos ne viendra pas l'oubli,
Notre regard de ta lumière était rempli,
Et l'on en gardera l'éternelle mémoire.
C'est en vain que la nuit jette son ombre noire
Sur les derniers rayons d'un beau soleil couchant.
Aux franges d'un nuage, il s'arrête, accrochant
Parmi les lointains bleus de l'horizon qui bouge,
De grands lambeaux de pourpre et des lames d'or rouge.
La nuit a beau gonfler sa robe obscure, il luit.
Quand la nuit l'a voilé, nos yeux, tout pleins de lui,
Dans le ciel ténébreux croient l'admirer encore,
Et demain, quand naîtra la pointe de l'aurore,
Dans l'azur du matin il va se déployer :
C'est son dernier reflet qu'on verra flamboyer.

A quatre heures, la cérémonie était terminée.

Avec Frédérick-Lemaître, nous avons perdu le dernier comédien de genre, le dernier sur la tombe duquel un statuaire aura le choix d'élever un marbre. Que reste-il aujourd'hui ? Des acteurs et pas autre chose !

Cela est triste à dire! Ces fêtes que nous aurions voulu chanter, où sont-elles? Ces poëmes fameux que nos pères ont entendus, que sont-ils devenus? Ces comédiens, dont le rire ou la douleur étaient l'occupation de la ville et du monde, auront-ils seulement un écho! Ils marchaient au niveau de toutes les divinités mortelles, et les voilà ensevelis sous la ronce, et leur nom même inscrit naguère sur toutes les murailles, au frontispice de tous les drames, au fronton de tous les temples poétiques, la pluie ou le vent du cimetière l'effaceront sur leur marbre d'emprunt.

Voilà bien la vanité de cet art dramatique et la vanité de nos histoires!

TABLE DES MATIÈRES.

I

Coup d'œil rétrospectif sur le drame. — Les pantomimes dialoguées du Directoire. — Naissance du mélodrame. — M. de Pixérécourt. — Sa moralité. — Le drame providentiel. — La nouvelle école. — Les pudeurs de l'Académie. — M. Auger. — Trois cents chevaliers. — Victor Hugo. — Ledoux et Barbarigo, *della Torrida*. — Le romantisme. — Madame Dorval et Frédérick-Lemaître. — Une révolution dans l'art dramatique....... 5

II

Sa naissance. — Sa vocation. — Michelot. — Lafon. — Il est refusé à l'Odéon. — Talma. — La révolution dans le costume. — Lekain. — La tragédie et la comédie.. 21

III

Il entre aux Variétés-Amusantes. — *Pyrame et Thisbé*. — Débuts à quatre pattes. — Madame Rose. — Il va aux Funambules. — Ses succès. — Il essaie de danser sur la corde. — Découragement. — Le cirque de MM. Franconi. — Cuvelier. — Le règne des bêtes.... 32

IV

La mort de Kléber.................................... 39

V

Nouvelle gêne. — L'estaminet de la rue Charlot. — Encore Talma ! — Il entre à l'Odéon. — *Les Machabées*. — Confident de tragédie !.......................... 51

VI

Il entre à l'Ambigu-Comique. — *Le Remords*. — *L'Auberge des Adrets*. — Il crée ses types. — Ses appointements. — Un condottiere littéraire. — Charles Maurice. — *Le Joueur d'Orgue*. — *Lisbeth ou la Fille du Laboureur*. — *Les Aventuriers*. — *Le Vol*. — *Le Cocher de Fiacre*. — *Les Ruines de la Granca*. — *Cardillac*. — *La Nuit des Noces*. — *Le Corregidor*. — *Le Bigame*. — *Cartouche*. — On veut voir entrer Frédérick ! — Il n'a pas de spécialité. — Les grands hommes sont multiples. — Ses tyrannies. — Le gaz est bien heureux ! — Un pari. — Jalousie de métier. — Floué !...... 58

TABLE DES MATIÈRES.

VII

Frédérick auteur dramatique. — Il est mélodramaturge.
— *Le Vieil Artiste.* — Il est vaudevilliste et poëte. —
Le Prisonnier Amateur. — Il est romantique. — *Le
Chasseur Noir.* — *La Tabatière.* — Il sera aristophanesque.. 72

VIII

Il entre à la Porte-Saint-Martin. — *Trente Ans ou la Vie
d'un joueur.* — Regnard et Ducange. — *La Fiancée de
Lamermoor.* — Amour-propre d'artiste. — Chacun pour
soi. — *Faust.* — *L'Écrivain public.* — *Les Deux Philibert.* — *Rochester.* — *Sept Heures.* — *Marino Faliero.* — Casimir Delavigne. — Ligier. — Lettre à
Charles Maurice. — Procès. — Il double Ligier. — Laferrière. — Le public lui suffit....,.................. 85

IX

Il entre à l'Ambigu. — *Les Voleurs et les Comédiens.*
— *Peblo.* — Frédérick-Lemaître et Mme Dorval. —
Ses débuts à l'Odéon. — *Les Vêpres Siciliennes.* —
Othello. — *Manlius.* — *Iphigénie en Tauride.* —
Nobles et Bourgeois. — *La Mère et la Fille.* — *L'Abbesse des Ursulines ou la mort d'Urbain Grandier.*
— *Napoléon Bonaparte.* — Mlle Georges. — L'empereur partout. — Les défroques de l'empire. — *Hamlet.*

— *Médicis et Machiavel.* — *Le Moine.* — *La Maréchale d'Ancre.* — Alfred de Vigny. — *Mirabeau*...... 100

X

Richard d'Arlington. — Kean et Frédérick. — *La Tour de Nesles.* — Propositions à Bocage. — *L'Armurier de Brientz.* — Harel et Frédérick 110

XI

Lucrèce Borgia. — *Le Paradis des Voleurs.* — *Béatrix.* — Robert-Macaire à la campagne. — Frédérick en prison. — Une calomnie. — Colère et misanthropie. — *Robert-Macaire.* — Les indignations. — Jules Janin. — Le puff. — Les haillons dramatiques. — Serres. Robert-Macaire à la ville. — Un procès fameux...... 126

XII

Les contemporains de Frédérick. — Lockroy. — Ligier. — Bocage. — Beauvallet. — Mélingue. — Mlle Mars. — Mlle Georges. — Mme Dorval.................... 175

XIII

Son réengagement à la Porte Saint-Martin. — Il va aux Variétés. — *Le Marquis de Brunoy.* — Reprise du *Barbier d'Aragon.* — *Kean.* — Anecdotes. — *Ruy-Blas.* — Visite d'Alexandre Dumas à Victor Hugo. — Le prince d'Orléans. — M. Guizot. — Anténor oly. — Le théâtre de la Renaissance. — La première représentation.. 188

XIV

L'Alchimiste. — *Zacharie ou l'Avare de Florence.* — Il jette sa perruque au parterre. — Trente-neuf jours de captivité. — Le cornet de Robert Macaire. — *Vautrin.* La censure. — Faillite de Harel. — *Vautrin* défendu par Théophile Gautier. — *Paris le Bohémien.* — Les biographes infidèles. — Eugène de Mirecourt. — Un homme sans fard et sans chemise..................... 200

XV

Mlle de la Vallière. — *Les Mystères de Paris.* — *Don César de Bazan.* — *La Dame de Saint Tropez.* — Miss Helen et Macready. — Un amour d'une semaine. — Frédérick à Londres. — Othello contre Othello. — Suicide de Miss Helen................................... 212

XVI

Michel Brémont. — M. Viennet. — *Le Docteur Noir.* — Il retourne à Londres. — *Le Chiffonnier de Paris. Tragaldabas.* — Anecdotes. — *Toussaint Louverture.* — Lamartine. — Histoire de la pièce. — Frédérick jugé par Lamartine. — Mlle Lia Félix. — *Jemma.* — *Paillasse.* — *Henri III*................. 221

XVII

Le Roi des Drôles. — Taconnet. — Le Vieux Caporal. — La Bonne Aventure. — André Gérard. — Le Maître d'École. — Le Marchand de Coco. — Les Saltimbanques. — Odry. Le Comte de Saulles. — La dernière heure des comédiens. — Le Père Gachette. — Le Crime de Faverne. — Un Lâche. — Le Portier du nº 15. — Marie Tudor. — Vanité des vanités ! — *Hic Jacet !*.................. 232

XVIII

Sa maladie. — Sa mort. — Ses obsèques. — Discours de Victor Hugo. — Discours de M. Eugène Moreau. — Discours de M. Ferdinand Dugué. — Poésie de M. Jean Richepin. — Mounet-Sully. — Épilogue...... 240

FIN DE LA TABLE.

Clichy. — Imp. PAUL DUPONT, 12, rue du Bac d'Asnières, (231, 3-6.

www.ingramcontent.com/pod-product-compliance
Lightning Source LLC
Chambersburg PA
CBHW050331170426
43200CB00009BA/1552